天下文化

BELIEVE IN READING

SUCCESS Mindsets

成功心態

改變心態，造就不一樣的人生

Your Keys to Unlocking Greater Success in Your Life, Work, & Leadership

Ryan Gottfredson
萊恩·高佛森——著　孔令新——譯

目次

第四篇 進取心態

第一篇

什麼是心態？

第 1 章

你的想法
就是最好的想法嗎？

靈魂一旦甦醒，一場無法回頭的追尋之旅就此展開。
那刻起，一種特殊的渴望驅動著你，
使你不再繼續流連於自滿與當下滿足的低谷。
永恆使你感到迫切。
你不願意繼續受到妥協與風險的阻礙，
勇往直前邁向成就的巔峰。

約翰・奧多諾赫 John O'Donohue

如果能夠了解最深層的自己，你的人生會有什麼不同？如果能夠更加看清自己的世界觀，看清自己為何會抱持現有的價值觀和信念，看清自己當初為何選擇現在的目標，看清自己為何以當下這樣的方式面對世界，你的人生又會有什麼不一樣？你渴望成功掌握自己的生活、工作和領導嗎？

在本書中，我們將展開一趟自我甦醒之旅，帶領你探索最深層、最根本的自我。這個自我或許有不理想之處，但你將有能力做出最徹底的改變，斬除自我設限的思考方式，把自我成就提升至全新境界，完全激發自我潛能。你是否已經準備好迎向探索與甦醒，準備好重塑並重啟你的人生？

▲展開自我甦醒之旅

讓我們從這個問題開始：你認為自己的想法就是最好的想法嗎？

我猜你的確認為如此。如果你不這麼認為，就可能會改變想法。然而，當你認為自己的想法就是最好的想法，就可能在無意間阻礙自己更成功的駕馭人生、阻礙自己的職涯發展，也阻礙自己成為更優秀的領導者。

身為領導學研究者和企業顧問，這種事情我見多了。我經常看到領導者、主管和員工以自認為最好的方法做事情。他們總認為自己的想法就是最好的想法，但其實他們的想法通常是失靈的，或至少限制了自身的潛能，使他們自己、部屬和組織無法達成更偉大的成就。

下列慘痛的研究統計數據，恰恰印證我的觀察：

- **四四％的員工表示現任主管無法協助他們提升生產力。**
- **六〇％的員工表示現任主管傷害他們的自尊。**
- **六五％的員工表示比起加薪，他們更希望換主管。**
- **八二％的員工不相信主管會說真話。**

這就是殘酷的現實：多數主管的管理方式無法使員工發揮最佳潛能。並不是這些管理者怠忽職守或有意成為部屬心目中的蠢蛋，而是因為他們誤以為自己擁有最佳的觀念、思考和決策模式，於是一直採取無效的管理方式而不自知。他們就像帶著故障羅盤的探險家，即便立意良善、努力不懈，但內心的羅盤終將讓他們偏離最佳航道，航向錯誤的方向。

▲艾倫的案例

艾倫是一間非營利組織的執行長，這個組織專門協助弱勢族群提升自我、增進職涯發展。就艾倫豐富的資歷來看，他確實是領導這個組織的理想人選。他曾在業界工作二十多年，擁有組織心理學博士學位，曾在地方大學教授領導學，而且主要的專長就是領導力和個人發展培訓。

大多數人第一次見到艾倫都會被他深深吸引，我也不例外。我原本就知道他那傲人的資歷，但真正令我感到著迷的，是他全身上下散發出無比的自信與魅力。艾倫的言行舉止看來就是一位典型的偉大領袖，他能夠清楚傳達組織的重要性與價值，促使人們相信並以實際行動支持他的理念。因為有這樣的特質，讓他在任職期間，年年創下組織捐款收入達到雙位數成長的紀錄，並持續吸引更多捐款人及新進員工的加入。

從外部看來，這間組織看似一切美好、成效斐然；但在內部人人心知肚明，組織已深陷危機，而且主因正是艾倫。他的領導和管理方式不僅讓員工對工作感到挫折，上班時心不在焉，離職率更是始終居高不下。

艾倫的組織到底發生什麼事？以下是幾個內部亂象的具體實例。

其一，艾倫自己弄錯產品交付日期，導致重要客戶無法如期收貨。當客戶表達不滿時，艾倫卻怪罪員工。

其二，艾倫有天突發奇想，決定推出一項新的教練服務，並隨意為服務訂定價格。負責販售這項服務的員工泰勒對過高的價格深感憂心，根據過去與客戶的互動經驗，她認為這種價格很難賣出，而且就算賣出也可能傷害組織聲譽，因為以高價販賣未經證實有效的服務，顧客可能感受不到物超所值的體驗。

泰勒試著表達這樣的憂心，然而艾倫馬上為自己的想法辯護，主張他們花的時間就是值這樣的錢。看來，比起為客戶帶來的價值，艾倫更注重自己的獲利。為組織著想的泰勒建議艾倫徵詢諮詢委員會的意見。在會議中，委員們認同泰勒的看法，但艾倫仍然不願承認錯誤，處心積慮要證明自己才是對的，堅持拒絕將價格調降到合理區間。教練服務推出後，參與者普遍認為雖然服務對他們有益，但售價卻過高。最終對組織聲譽造成相當程度的傷害。

其三，我得知艾倫的組織內部亂象後，希望能協助改善情況。在詢問幾位員工的經驗後發現，大家的看法相當一致：艾倫是個「微觀管理者」（micromanager）。他的管理方式主要就是抓錯：確保每個 t 上面都有出頭，每個 i 上面都有一點。這種管理方式使艾倫無法認可員工的貢獻，而且不會在員工做對時稱讚他們。面談中，員工竟然想不起艾倫曾對他們說過

「謝謝」。艾倫培養出的組織文化促使員工極力避免受到關注，而不是靠傑出的表現獲得賞識。

其四，凱斯是一名擁有教學設計碩士學位的新進員工，負責與艾倫一起規劃訓練研習課程。凱斯檢視即將使用的研習教材，發現兩個需要改進的地方。首先，艾倫的教材主要是根據一九九〇年代的研究，內容已經稍嫌過時。其次，艾倫的教學似乎是以講述為主。凱斯建議更新教材並結合新科技來提升學員參與度，但艾倫卻完全否決他的提案。艾倫表示，他已經辦理這項訓練課程十五年，不想再花費心力研發新教材或學習新的教材呈現方式。凱斯為此感到萬分氣餒，覺得自己的專業不受重視。

如果你在這樣的環境中工作，你會想留任嗎？

艾倫意識到員工離職率過高的問題，但他並不知道自己就是問題所在。他相信自己是個英明的領導者，相信自己正盡其所能的把工作做好。基於這樣的自信，他自然會覺得自己是推動組織大幅成長的英雄。

艾倫不願意為高離職率的問題負責，他認為問題出在組織無力提供更優渥的薪資。艾倫始終無法看清事實：員工離職的主因，是受不了他的威權領導。艾倫並未真正甦醒，因此無法成為有效的領導者。如同其他失能的領導者，艾倫受到同樣的本能欲望所驅使，以至於當他自認用最佳方式決策和行事時，卻不斷為周遭的人帶來傷害。自認是英雄的艾倫，始終無法看清自己才是那個大反派。

曾幾何時，艾倫的內心充斥著使其成為反派角色的欲望：極力維護個人形象讓自己看起來很厲害、希望別人認為他是對的、避免出現任何問題、選擇做對自己最有利的事。例如：

- **他為維護個人形象而背棄員工。**
- **他希望別人認為他是對的，所以拒絕接受他人想法。**
- **他為了避免出現任何問題，成為管太多小事情的「微觀管理者」。**
- **他挑選對自己最有利的選項，但這些選項卻未必符合組織內其他人的最佳利益。**

就像電影裡常見的反派角色那樣，艾倫沒意識到內在欲望正形塑著自己的思考、觀點和管理方法。他沒意識到當自己做決定時，往往會看到並選擇那些符合個人利益的選項。但艾倫覺得自己是對的：「誰會希望自己看起來很糟糕，誰又會喜歡去面對問題、做不符合自己利益的事情？」他無法看出因為自我保護心態所帶來的負面影響。

於是不管艾倫多麼努力，依然被視為失敗的管理者。身為主管，他不僅沒有協助員工提升生產力，還傷害員工的自尊，摧毀員工對他的信任。我想，比起加薪，他的員工更想要的應該是換個新主管。

就像艾倫那樣，如果我們無法看清內心最根本的欲望，以為自己的想法就是最好的想法，我們就無法在人生中的各個層面變得更有效能、更加成功。

▲找出問題背後的原因

我是親身經歷切身之痛，才真正了解這個道理。

我喜歡跑步。對我來說，跑步是鍛鍊身心、提升體能、釋放精力、親近大自然的日常生活方式。我自小熱愛籃球和足球，從高中起更是天天跑步。這跟著我將近一輩子的習慣，使我自認是一名專業的優秀跑者。如果你問我是否願意參與跑步課程來改善跑步姿勢，我只會覺得你在開玩笑。因為當時的我認為自己的想法就是最好的想法，認為我的跑步姿勢就是最「優良」的跑步姿勢。

直到幾年前的某一天，我在打籃球時膝蓋突然受傷。受傷的後遺症很特別，只有跑步或上樓梯時，膝窩才會感到劇烈刺痛。這下我沒辦法跑步了。

我去看醫生，檢查是否有結構性損傷。醫生說膝蓋沒問題，但膝窩有一條肌肉拉傷，需要時間復健。我每天都很想出去跑步，兩個月後，我終於忍不住了，便開始一週跑一次。雖然情況比之前好，但跑步時依然感到疼痛。

我迫不及待想讓膝蓋早日復原，回歸天天跑步的美好生活。於是我開始乖乖接受物理治療，每天還在家努力拉筋做操。這些活動使上樓梯的疼痛獲得減緩，但跑步時依然感到疼痛。

我的努力才不會因此停止，我決定去跑鞋專賣店為自己買一雙新的跑鞋。結帳時，店員告訴我幾天後有個跑步課程，問我是否有意願報名參加。課程宗旨為：協助跑者改善跑步姿勢和技術。

當時我感到有一點被冒犯，我心裡想：「你有沒有搞錯啊？我可是經驗老道的跑者，我知道該怎麼跑步。」但另一部分的我亟欲使膝蓋復原，我又想：「跑步姿勢的確是造成膝蓋疼痛的可能原因，去聽聽又何妨！」

因此，我做了一件會讓幾個月前的自己覺得很可笑的事：報名參加跑步課程。課程中，教練教授優良跑步姿勢四項原則：①身體放鬆，挺直著跑；②以腳掌中央著地；③維持每分鐘一百八十步的節奏；④身體稍微前傾。

學會並遵循這四條原則後，我的膝蓋馬上就不痛了，我可以立刻恢復跑步人生。

此外還有一件出乎意料的事，改變跑步姿勢提升我的跑步效率，我可以跑得比以前更遠了。我最近首次跑完半程馬拉松，以前我不曾想過自己有一天會做到這件事。

回頭看來，我顯然沒有自認為的那麼清醒。我以為「我的方式是最佳方式」，這個想法使我無法活出自己想要的生活。這段經歷使我很想知道：我是否在其它層面也是如此？抱持「自己的想法就是最好的想法」，到底還讓我的人生錯過些什麼？

我希望你也同樣對這個問題感到好奇。

雖然或許你不想看清、不想承認，但阻礙你在人生、工作、領導上更成功的元兇就是你自己：你認為你的想法就是最好的想法。如果你想擺脫現況，邁向更成功的狀態，你就必須以嶄新的、不同的、更佳的方式重新思考世界、看待世界。更重要的是，你必須看清自己。

接下來，讓我們來實際演示一下，想想你會如何回應或處理以下案例中的情境，並從中發現你自己。

▲面對以下四種情境，你會怎麼想？

❶你正面對一個極可能失敗的艱鉅挑戰。

❷ 有人（例如下屬、子女或客戶）反對你的觀點。

❸ 你面臨兩個選項，其中一個選項風險較低，但獎勵較少；另一個選項確定性較低，但獎勵極高。

❹ 一位遊民站在街角向你乞討。

一般人多會用心目中最好的方式來回應這些情境。特別是當你知道有更好的處理方式，那麼你多半會選擇它。但問題是，每個人思考這些情境的方式各不相同，而且都認為自己的想法才「正確」。

我們就來看看大家如何思考這些情境，藉此印證他們心目中「最好的想法」往往不利於成功。

首先，面對極可能失敗的艱鉅挑戰時，大家會怎麼想？對你而言，挑戰和失敗是應該極力避免的挫敗，還是意味著學習和成長的機會？

某個學期之初，我在課程正式開始前想先認識一下新學生。有位學生名叫辛西雅，她比一般大學生年紀稍長，因此我想她或許能提供一些有趣的背景故事，所以詢問她之前做過什麼工作。辛西雅一聽馬上雙眼發亮，她說她經過多年艱苦摸索，最近終於開創自己的事業，專門提供一對一健身訓練和健康指導。她說自己對促進個人健康方面的工作懷有熱情，最後還為自己打氣，告訴大家這就是她心目中完美的職涯道路。

一個月後，我上課前找她聊天，順道詢問新事業的近況。她垂頭喪氣的說：

「情況糟透了，我覺得這條路不適合我。」

「為什麼這樣說呢？」我問道：「妳之前似乎很篤定這就是正確的道路。」

「之前不知道會這麼艱難，而且最近景氣不好。」她答。

辛西雅說她難以開發新客戶，所以想再次調整職涯。我試著鼓勵她，告訴她現在不過才第一個月，建議她再接再勵，持續嘗試新的方法，了解哪些方法有用，哪些方法沒用。然而，她似乎心意已決。

這位創業家才剛遇到挑戰，就認為目前從事的事業並非合適的職涯，所以很快就決定放棄。然而，她大可把挑戰視為需要調整方法的警訊，把握機會改善營運模式，堅信唯有堅持不懈、盡心而為、克服挑戰，才能獲得事業成功。

下一個情境：遇到別人反對你。如果有人反對你，你是否覺得受到威脅，戒備之心油然而生？還是你把這件事當作改進思考、加強學習的機會？

你是否遇過控制欲強烈、堅信自己的方式最棒的主管？這些主管遇到反對意見或諫言的時候做何反應？就像上述那位非營利組織執行長艾倫一樣，這些主管很可能把反對意見和諫言當作針對個人的攻擊，於是以戒備的態度作出回應。但有些領導者，例如全球史上規模最大、經營最成功的避險基金橋水基金（Bridgewater Associates）創辦人兼前任執行長瑞・達利歐（Ray Dalio），則會以這樣的態度面對反對意見：「如果可以……練習如何『深思熟慮的反對』，就能學到超乎你所想像還多的東西。」本書後續章節將會詳細介紹達利歐的理念。

那風險呢？你是否極力規避風險？還是你把風險當作通往成功的必經之路？

成年以後，我一直以為「只要不失敗就可以成功」，於是我極力規避風險。我從大學一路念到博士都沒有申請學貸，也從未考慮創業，畢竟創業的風險太高。

但三十四歲那年，我發現自己還沒有實現許多對人生的願景，發現規避風險的心態阻礙我實現人生和職涯的目標。有了這層體悟後，我申請貸款創辦顧問公司，因為我知道邁向更成功人生的關鍵在於「取得成功」，而非「避免失敗」。短短兩年內，我累積數十間企業客戶，其中幾間是全球知名的跨國公司。

最後一則情境：在街角上看到遊民乞討時，你會怎麼想？你是否覺得他應該幹活掙錢，而非上街要飯？還是你覺得他在盡力討生活？

如果你覺得遊民應該去找份工作，你可能會以負面、批判的眼光看到遊民，而且不會想幫助他們。但如果你認為遊民在盡力討生活，你可能就會思考他們的人生經歷了什麼樣的事情，導致他們認為在街角上乞討是最佳的生活方式。如果用這樣的角度看待遊民，你就會更有同理心、更願意提供他們一些幫助。

▲觀點決定行為

下表呈現出甲、乙兩人對以上四種情境的不同看法。你覺得誰比較有可能活出更成功的人生？誰可能是比較好的員工？誰會是比較好的領導者？是甲還是乙？

請想像一下，你比較想和甲還是乙一起生活、一起工作？比較想接受誰的領導？

答案肯定是乙。乙在人生、工作和領導上將會更為成功，因為他願意迎接挑戰、學習、設定目標、達成目標，並以更有效的方式與人互動。既然你都在讀這本書了，我也假定你喜歡和乙一起生活、一起工作，並接受乙的領導。

艾倫就屬於甲這種類型的人。他雖然很努力，但總是極力規避挑戰和失敗，把反對意見當成攻擊，視風險為畏途，總認為員工沒有盡心盡力。這些負面觀點不僅讓他只想看起來最

面對情境	甲	乙
挑戰和失敗	規避	視為學習和成長的機會
反對意見	視為攻擊	視為學習的要件
風險	規避	視為獲得獎勵的要件
其他人	覺得他們沒有盡力而為	覺得他們盡力而為

成功、最正確、最不會犯錯，還讓他做出種種負面行為，使員工對工作環境感到失望而萌生退意。

這足以證明一個簡單直白卻意義深遠的道理：打造成功的人生、工作和領導的基礎，正是我們看待世界的觀點。如果我們能夠從過去的慣性甦醒過來，以正向眼光看待世界，我們就能做出更好的決策、得到更好的發展、展開更有效的行動。

這是個人發展和自我精進的有效策略，但卻往往被人們所忽略，多數相關理論都只著重在評估並改變個體行為。現在我們將重拾這個被長期忽略的觀點，那就是，有效精進自我的關鍵，在於體悟並改變個體行為背後的主要因素：我們看待並詮釋世界的方式。

你是如何看待上述四種情境？你的詮釋方法比較像甲，還是比較像乙？

我在以五千人為樣本的研究中發現，對四種情境看法都類似乙的人只占五％。或許你自認現在的處事態度就是最好的態度，但你看待世界、詮釋世界的方式可能還有改善的空間，你的想法很可能並不是最好的想法。

▲甦醒就是力量

根據研究發現，人類行為（包括思考、感覺、判斷和行動等）有九〇％是由無意識的自動化歷程所驅動。此外，研究自我覺察的學者塔莎．歐里希（Tasha Eurich）曾在TEDx演講中提及，九五％的人自認擁有自我覺察能力，但事實上只有一〇％至一五％的人真正具備這種能力。因此她說：「很顯然的，我們之中至少有八〇％的人謊稱自己沒有對自己說謊。」

這些數據顯示，絕大多數的人其實並沒有充分理解自己，也沒有掌握自己的行事動機，他們不了解自己的欲望，也不知道自己如何看待並詮釋這個世界。舉例而言，在閱讀本書介紹看待挑戰、失敗、反對意見和風險等情境的不同方式以前，你是否曾經思考自己是如何處理這些情境？是否曾經想過還有其他更有效率的處理方式？

重點在於：如果我們能意識到自己的本質，了解是什麼樣的因素啟動這些無意識的自動化歷程，使我們產生這些想法、做出這些行為，那麼我們就能看清那些限縮自我的觀念和阻礙我們成功的欲望。如此一來，我們就能試著改善這些信念和欲望，為自己的人生帶來全面性的改變。這樣的自我精進模式，也就是所謂的「自我覺察運動」（self-awareness movement）或「意識革命」（consciousness revolution）。

在本書中，將深入探索我們是如何看待和詮釋這個世界。藉由這本書，我想邀請你從很少人能夠達到的深度進行內省，幫助你比過去任何時刻都更深入的了解自己。我們將一同造訪那個最根本的你，了解驅動內在自動化歷程、影響行為方式的內部機制。若能看清並改善這些機制，你將不再被無意識歷程所主宰，重新有意識的掌握人生，從而在生活、工作和領導上獲得更大的成功。

讓我們開始這趟邁向甦醒的旅程吧！

第 2 章

心態：影響思考、學習和行動的關鍵

在問題的層次裡絕對找不到解方。
了解這個道理，你就不會像許多人那樣落入陷阱。
在問題的層次裡都是些什麼東西？
不斷鬼打牆般的重複性思考、
盲目的重複早已過時的解決方式、大量強迫性的思考、
停滯不前的行動，諸如此類，不勝枚舉。
尋找解方的關鍵在於，我們的意識並非只有一個層次，
在更深的層次中還蘊藏著未曾開發的創意與洞見。

狄帕克・喬布拉 Deepak Chopra

你是否曾試戴過不同顏色的墨鏡？如果你先戴紅色墨鏡數秒，接著換成黃色墨鏡並環顧四周，這時會發生什麼事？

戴著紅色墨鏡時，你的注意力會被特定的物體所吸引，尤其是黃色物體。但換成黃色墨鏡後，同樣的物品不再吸引你的注意，你會注意到完全不同的物品，尤其是白色的東西。

我們再更進一步想。假如你長時間戴著黃色墨鏡（因為你誤以為黃色墨鏡看起來很酷），會發生什麼事？其一，你的大腦會適應這種看世界的新方式。其二，你可能沒意識到自己戴著黃色墨鏡。其三，你會忘記你看世界的方式與其他人不同。

你知道你現在正戴著獨特的心理墨鏡看世界嗎？這些心理墨鏡就是你的心態。如同有色墨鏡，心態會決定你的注意力受到什麼樣的資訊所吸引，而這些資訊會進而主宰你詮釋世界、處理資訊、決策、學習、感受、與世界互動的方式。

也就是說，你的心態就像心理墨鏡般選擇性的對訊息進行組織與編碼，引導你使用一種獨特的方式來理解當下的經驗，使你做出相應的行為和反應。

由於你分分秒秒都戴著這副心理墨鏡，所以多半無法意識到自己的心態，無法看清心態對你在生活、工作和領導的影響。即便如此，這些心態依然影響著你的人生，驅動九〇％的無意識自動化歷程，進而主導你的思考、學習和行動。

基於心態上的差異，即便處於完全相同的情境，不同的人依舊會有不同的詮釋方式。這就是為什麼：

- **有些人極力規避挑戰和失敗，有些人則把挑戰和失敗視為學習和成長的機會。**
- **有些人視反對意見為攻擊，有些人則視反對意見為改善思考的機會。**
- **有些人視風險為畏途，有些人則視風險為成功的必經之路。**
- **有些人視身邊的人為物品或工具，有些人則視身邊的人為真正的人。**

為了說明心態對人生有著根本又潛移默化的影響，蓋文．基爾杜夫（Gavin Kilduff）和亞當．賈林斯基（Adam Galinsky）把受試者分為三組：第一組被要求以兩個段落闡述自己的人生目標和夢想，以建立目標導向的心態；第二組被要求以兩個段落闡述自己的責任和義務，以建立謹慎行事的心態；第三組則為對照組，不做任何寫作練習。

接著，研究人員把受試者分為三人一隊，每隊皆由三組各一人組成。他們請各隊完成一項任務，並觀察隊員在團體討論時的積極程度，並請隊員互相評分。研究結果發現，具有目標導向心態的人在團體討論時更為積極，而且從其他隊員那裡獲得的評分較高。

很神奇吧？不過是寫下兩段文字的小小練習，卻能在不知不覺中改變受試者的心態，進而引發連鎖效應，不僅使他們以不同的方式和隊員互動，最終還使他們獲得不同的同儕評價。

心態形塑著你的人生，但你卻對此渾然不覺。閱讀本書前，你可能從未想過心態竟然在人生中扮演著如此重要的角色，也從未質疑自己的心態，更不用說試圖設法改善自身心態。一直以來，你可能以為自己看待世界的方式就是最佳的方式，自己的想法就是最好的想法。

因此，我有一個好消息和一個壞消息要告訴你。先說壞消息：由於你對自身心態缺乏覺察，也不知道心態可以改善，你在人生中從未充分發揮自身潛能。再來是好消息：如果能夠覺察自身心態，體悟到心態是可以調整的，你就有能力徹底改變人生，使人生更上一層樓。

▲心態是一切的基礎

下頁圖是「成功金字塔」，有助於理解心態對我們人生的根本影響。

心態決定我們看待及詮釋世界的方式，是自我意識及行為處事的基礎（第一層）。由於心態決定我們看待及詮釋世界的方式，所以會進而驅動思考、學習和行動（第二層），而我們的思考、學習和行動又會進一步影響我們在人生、工作和領導上的表現能有多成功（第三層）。

因此，能否邁向成功人生的真正關鍵就在於心態。

這張圖可以給我們兩個啟示：

第一，它讓我們明白，如果能夠改善心態，就能改善我們的思考、學習、與行為，進而活出更成功的人生，打造更成功的事業，成為更成功的領導者。

第二，誠如本章開篇引用喬布拉的名言：「在問題的層次裡絕對找不到解方。」根據這個金字塔，如果我們目前的思考、學習和行為模式無法達成心中期盼的成功境界，我們就不該繼續把焦點放在如何修正思考、學習和行動層次的問題，而是要從最根本的層次著手，也就是「心態」。

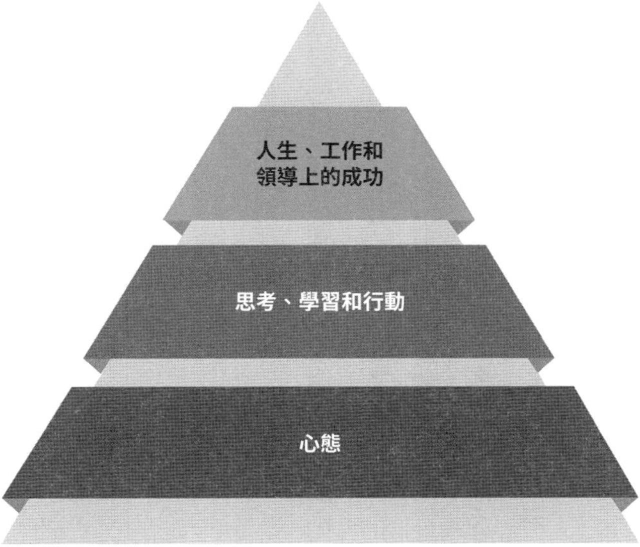

▲心態的力量

過去三十年來，在心理、管理、教育、行銷等領域有為數眾多的學者投入心態研究，研究結果一再證實「成功金字塔」的存在。接下來介紹的研究，想必會更令你大吃一驚。

開創心態研究的學者卡蘿．迪娜（Carol Diener）和卡蘿．杜維克（Carol Dweck）曾以實驗探討心態如何影響人對失敗的反應。他們先請受試者做心態評估，評估哪些人傾向負向心態（將成敗歸因於能力，而非努力），哪些人傾向正向心態（將成敗歸因於努力，而非能力）。

接著，受試者被要求完成一份試卷，這份試卷經過設計，前八題很容易答對，後四題則非常困難，讓受試者經歷從成功到失敗的歷程。在測驗過程中，研究人員仔細觀察受試者的行為（例如：是否使用有效的問題解決策略），並讓受試者說出解題時腦海中出現的內容。

所有受試者答題完畢後，研究人員分析傾向負向心態與傾向正向心態者的表現，得出意義重大的結果。結果發現，傾向負向心態的學生起初很順利，前八題都答對，於是對自己很滿意，也對自己的能力很有自信。

然而，寫到最後四道困難問題時，他們始終想不出正確答案，因而感到自信心受挫。他們開始出現強烈的負面情緒，認為自己很失敗。他們會說「我不夠聰明」或「我的記憶向來就不好」之類的話，並且很快就拋棄問題解決策略（例如：因為喜歡巧克力，所以選擇褐色）。為了彌補失敗，有些人開始談論他們在人生其它領域的成就（例如：曾在舞台劇中飾演主角），而不是專心解決眼前的挑戰。

測驗結束後，研究人員詢問這類學生一系列的問題，發現高達三分之一的學生不再認為自己有能力解出原本已經答對的前八題。

當研究人員請他們評估自己答對幾題時，他們的平均預測是答對五題、答錯六題。他們傾向貶低自己成功的可能性。

另一方面，傾向正向心態的學生根本不去考慮自己是否會失敗。遇到難題時他們非但沒有放棄，反而保持自信與樂觀，並更用心答題。他們會告訴自己：「我希望這題能提供更多資訊」、「題目愈難，我愈用心」或「錯誤是我們的好朋友」之類的話，同時尋找問題解決的策略，因此有些人甚至還能答對難題。

當研究人員請他們預測自己答對的題數時，他們的預測會準確得多，多數人能明確表示自己答對八題、答錯四題。

如果我們不知道兩組學生唯一的差異只在於「心態」，多半會以為他們來自不同的星球，畢竟他們對同一份試卷的反應是如此不同。這個研究顯示：人抱持的心態會影響人生的三大運作基礎：思考、學習和行動，將決定我們能有多成功。傾向負向心態的人以錯誤的方式看待自己、評價自己的表現，遇到挑戰就不再用心解題，阻斷進一步學習的機會，不是自暴自棄，就是表現失常。傾向正向心態的學生對自身表現的評價較為準確，視挑戰為學習的機會，遇到挑戰仍持續用心解題。透過這個研究，我們不難預測哪一組受試者更有機會活出更成功人生。

數十年來還有很多類似的研究結果。

例如在艾莉亞．克魯姆（Alia Crum）、彼得．薩洛維（Peter Salovey）和紹恩．阿克爾（Shawn Achor）設計的實驗中，把一間金融機構的員工分成兩組，分別觀看一支三分鐘短片。第一組看的影片講述壓力如何傷害身心健康、生活品質和工作表現，另一組看的影片則講述壓力如何促進身心健康、生活品質和工作表現。兩支影片皆提供相應的研究證據，讓第一組員工相信壓力不好，讓第二組員工相信壓力很好。接下來兩週，研究人員持續觀察員工的健康（例如血壓）、工作投入程度和工作表現。

研究結果驚為天人！短片改變了員工對壓力的心態。比起認為壓力不好的員工，認為壓力很好的員工血壓較低、工作投入程度較高、工作表現較佳。

這個研究不只印證心態會潛移默化影響我們的思考情境、應對情境、處理情境的方式，更發現心態的力量強大到足以改變生理狀態、影響身體對環境的反應，這點目前已經獲得許多研究的證實。

▲心智燃料的過濾器

你的大腦每秒鐘都會受到數十則乃至數百則資訊的轟炸，你的心態會篩選它們認為重要的資訊。篩選出的資訊會經過處理，成為思考、學習和行動的燃料。因此，心態正是心智燃料的過濾器。

如果接收到的資訊表示失敗和壓力具有正面效益，那麼當我們在面對失敗或壓力時心態就會因而調整，從而影響到思考、學習和行動的模式。

心態有如隱形的船舵，潛移默化的左右人生走向。了解心態並對心態有所醒悟，你就更能夠有意識的調整船舵，掌握人生的方向。在接下來幾個章節中，我將帶你完成「個人心態測驗」，協助你看清自己的心態。

第 3 章

人生更成功，關鍵在心態

有一天，緊緊包裹在花蕾中的痛苦，
將超出花朵綻放可能面臨的危險。

阿內絲・尼恩　Anaïs Nin

忽略心態，就無法有效駕馭人生。對自己的心態視而不見，將會限制你自我覺察的能力，讓你無法如旁觀者般檢視自身思考和行動背後的欲望、動機和傾向。

請想想自己在人生、工作和領導上不如預期那樣成功之處，然後捫心自問：「為何我無法在這個領域更成功？」

你認為無法更成功的癥結是什麼？你會怪罪缺錢、缺時間、缺資源等外在因素？還是你會怪罪智力、能力或個性等內在因素？

或者你覺得是自己心態上的問題？

在真正認清「心態才是不成功的主因」之前，人們往往會把原因錯誤的歸咎於上述的外在因素或內在因素。這樣的錯誤歸因會為你帶來兩個問題：

其一，這樣的歸因方式是在找藉口而非找解方，畢竟這些因素通常難以掌控，就算你能掌控，難度也遠高於控制自己的心態。正由於這些因素不在我們的掌控範圍中，我們總喜歡躲在這些因素後面，把它們當成放棄努力、聽天由命、埋沒潛能的藉口。我們刻意忽視一個事實：有些條件和能力不如我們的人，已經成功達到我們夢寐以求的成功境界。

其二，就算我們真的能夠影響或改變那些因素，關注這些因素只會讓我們陷入停滯，使我們無法靈活的以不同的方式進行思考、學習和行動，阻礙我們更上一層樓。

如果我們對心態視而不見，就會限制自己的成功。相反的，若能喚醒自己的心態，就會釋放出一個充滿無限可能的世界。

因此我在這裡大膽承諾：讀完本書並運用本書介紹的原則後，你的人生將有所不同。你將能以嶄新的角度看待人生和自我，徹底提升自我覺察的能力，清除那些阻礙自己發揮潛能的因素，讓你有能力活出更成功的人生、打造更成功的工作、成為更成功的領導者。

接下來，我將運用之前介紹過的「成功金字塔」，說明本書將如何協助你駕馭自己的精彩人生，活出更成功的自我。

我們先來看下面第一張圖。這張圖要說明的是，在自我精進過程中如果無法認清自身心態、忽略心態的重要性，那麼我們就會把努力焦點放在

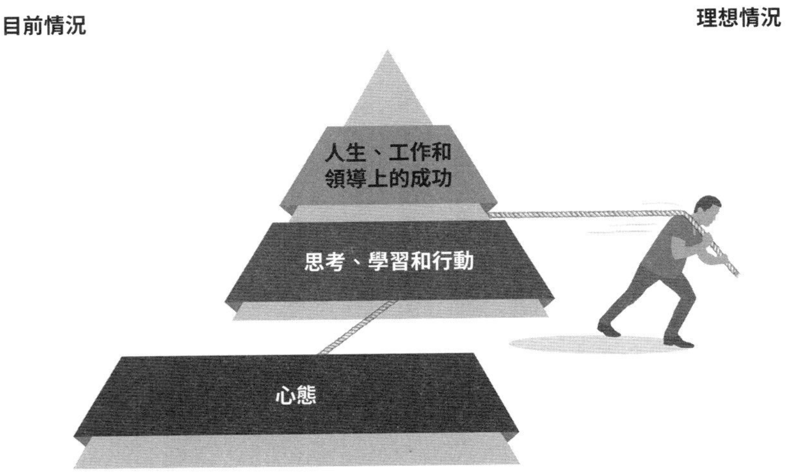

金字塔的上兩層，相信只要拖著「思考、學習和行動」往理想情況前進，就能獲得人生、工作和領導上的成功。總想著：「我該學習些什麼或改變哪些行為，才能變得更成功？」採取這種策略的人沒有認清一個事實：無論你做出多少努力，我們的「心態」依然留在原地。我們的思考、學習和行動早晚會被心態給拉回去，尤其是當壓力大的時後。

相反的，如果能夠認清自身心態、明白心態是人生一切的基礎，就能採取比過去更健康、更自然的策略自我精進，達成永久性的改變。如第二張圖所示，這個策略的重點在於推動「心態」前進。心態一旦改善，思考、學習和行動就會自然而然獲得改善，從而使我們變得更為成功。

我真後悔沒能早點明白這個道理！

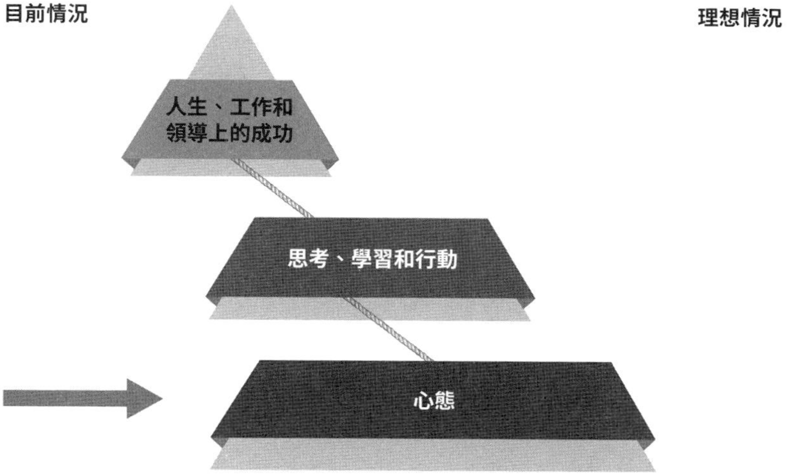

我的沮喪期 I

你是否也曾經全心全意想讓人生有所改變，但無論付出多少努力，一切依然毫無進展？又或者此時此刻的你正深陷這樣的痛苦之中，彷彿掉入永無止境的沮喪深淵。

不過是短短幾年前，我就親身經歷這樣的艱難時期。那是我在加州大學富勒頓分校（California State University, Fullerton）擔任助理教授的第二年，因為一些因素使我開始考慮去留問題。

首先，我希望我的工作、研究和專業能力對業界發揮更大、更直接的影響（直至今日我依然這樣期盼），但始終無法獲得足夠的資源與機會，讓我難以發揮期望中的影響力。由於缺乏資金與相關支援，我無法進行有助於我成為思想領導者的研究，這令我感覺發展受限。雖然在參與學校領導力中心的工作中，讓我有機會為當地的企業提供訓練，但這些機會相當有限，而且受限於領導力中心主任的政策。

其二，我剛收到第一年的教師評鑑成績。為求公平，評鑑工作是由系上三位同仁及系主任組成的委員會負責。系主任對我的研究、教學及服務皆給予高分；而其他委員則對我的研究和服務給予高分，但對我的教學給出最低分。這讓我感到困惑，因為就學生給的教學評鑑成績來看，我的得分在系上屬一屬二，而且我曾在課堂上發展一套深具意義的服務學習活動，讓學生支持一間拯救兒童性販運受害者的非營利機構，並因此獲頒學校的教學創新獎。雖然無法百分之百肯定，但我認為我之所以在教學上得低分，是因為其中一名委員認為我侵犯到屬於他們的「領土」。

第三個因素最嚴重：我認為前景比現況黯淡。我被聘用之初，校方承諾任教前三年提供每年兩萬美元的優渥獎金，並減輕教學負擔（每學期三門課減少至兩門課）。眼看著享受這些福利已經超過兩年，接下來這份工作對我的負擔將會變得更重（教學時數增加），但薪酬卻會減少。南加州的生活成本高昂，我擔心獎金停發後，我會無法支撐家庭開銷。

當時的我覺得人生陷入停滯。感覺自己像是一座蓄勢待發、渴望奔向無垠宇宙的火箭，卻受到組織及某些人的限制而被迫待在原地。

▲我的沮喪期II

就在這個時候，我的領英（LinkedIn）上跳出一個蓋洛普顧問公司（Gallup. Inc.）的職缺，他們在徵求研究主管。於是我想：「我喜歡研究，喜歡蓋洛普，不喜歡目前在大學中的處境。」

於是我做出選擇，順利應徵到這份工作。

新的機會令我充滿期待。我期待透過與各公司的合作，對商業界發揮更直接的影響力。我也期待運用研究專業蒐集分析資料，為公司制定解決方案，像之前在蓋洛普待過的人那樣成為商業界的思想領導者。

於是，我就這麼從學界跳槽到管理顧問業。儘管我完全沒有回頭的打算，校方仍建議我申請留職停薪，萬一跳槽之後發展不順利，一年內還可以返校任教。

接受這份工作時，我對這份職務的理解就像研究主管職務敘述上寫的那樣：推動研究計畫、促進資料的蒐集、分析與彙整報告，從而為各組織提供頂尖的商業解決方案。當我通過面試時，我被告知將是爾灣辦公室唯一的博士，鑑於我的專業背景，主管們表示十分期待與我共事。

到職後，我被指派針對各個客戶和專案進行資料分析。雖然我具備資料分析技能，卻不喜歡資料分析，尤其不喜歡只做資料分析。不過我依舊欣然接下這些任務，因為這樣能夠參與專案，並熟悉蓋洛普的公司結構和體制。

在專職資料分析數個月後，我詢問經理是否能參與不完全是資料分析、同時更符合研究主管職務的專案。於是，她試著分派一些不只是資料分析的專案給我。少數專案主管對此抱持開放態度，但多數主管並不願意看到我踰越原本的職位，因為他們視我為「資料分析師」，而非「研究主管」。

這多麼令人沮喪！我覺得自己的專業絕不只是資料分析。身為公司中擁有博士學位，而且研究方向符合諮詢主題的少數人，我以為自己理應被同事視為珍貴的資源。然而日子一天天過去，我很少獲得資料分析以外的貢獻機會。儘管如此，我依然樂觀的認為，只要我夠努力，慢慢的情況將會有所改善。

八個月後，蓋洛普指派我服務一位重要客戶。專案主管要我進行資料分析，並向顧問部門負責人為首的專案領導團隊呈現分析結果。面對堆積如山的資料，我請專案主管指定分析重點，他要我把重點放在營收。於是我報告的主要方向，就是蓋洛普將如何協助這間組織提升營收。

開會時，我向專案領導團隊報告分析結果，報告結束後，顧問部門負責人（我最需要說服的那個人）卻質疑我為何把重點放在營收，而忽略利潤。我被逼的走投無路，只好回答我被告知要把重點放在營收。這無疑是捅了專案主管一刀，頓時整間會議室籠罩在沮喪的氛圍之中。

會議結束後，專案主管把我拉到一旁討論我們的缺失，思考之後的方向。我提出希望能參與和這間客戶有關的策略性對話，因為我認為當初若能從頭就參與策略性對話，我就能清楚掌握專案領導團隊需要什麼樣的資料。而且若能從頭參與，我就有機會形塑我們對客戶的工作策略，這才是我一直想做的事情。然而專案主管卻回答：這是不可能的，因為我只是個資料分析師。

我回想起之前自己抱著沮喪的心情，決定離開加州大學富勒頓分校；而我現在的心情，則比當時更加沮喪。無論我多麼努力，一切似乎依然停留在原地，完全沒有朝對商業界發揮更大、更直接影響力的目標前進。我完全沒有料想到，自己會被困在一個狹隘且難以忍受的職位之中。我再度感到自己像是一座蓄勢待發、渴望奔向無垠宇宙的火箭，卻受到組織及某些人的限制而被迫待在原地。

我不想放棄，所以繼續向公司要求更多元、更廣泛的機會。然而事情一直沒什麼進展，卻讓主管和我的無力感與日俱增。有一天，又有一位專案主管拒絕讓我從事資料分析以外的工作，於是我在電話中向經理表達不滿。我們雙方都已經十分明白，我在這間公司裡格格不入，這份職位不適合我，而且沒有讓情況變好的可能。主管請我收拾辦公室。我就這樣被炒了。

我變得更加沮喪。雖然不能全怪主管，但這件事情令我灰心喪志。尤其向別人承認自己被開除，是一件多麼難以啟齒的事。

雖然對於仍能重返加州大學富勒頓分校任教，我心懷感激，但當時的我已經被徹底擊垮。我覺得自己非但沒有往目標前進，反而離目標愈來愈遠。我擁有成功所需的一切工具和專長，卻受到組織及某些人的限制而只能屈居平庸。

▲發現成功心態

所幸黑暗中依然存在一絲希望。我在六月時被裁員，和大學的合約則到秋季學期開始時才會正式重新生效，還有兩個月的空檔可以讓我重新投入研究。

我最期待重啟的研究計畫，是要嘗試扭轉有關領導力研究的討論焦點。過去七十年來，領導力研究一直聚焦在領導者行為，探討領導者應該做哪些事情才能提升效能。這些研究固然為領導者成功回答許多關鍵問題，並提供明確指引，但現今多數學者認為領導力的核心絕不僅是行為或行動，而是一種「存在狀態」。然而，研究領導力的學者們卻遲遲沒有深入探究「存在狀態」這項構成有效領導的要件。

離開加州大學富勒頓分校前，我和同事已經開始蒐集相關資料，探討領導者動機和注意力對領導效能的影響。我們的初步研究發現，領導者的行事動機對領導效能甚至比實際行為帶來的影響力更大。

重新投入這個研究主題後，我在文獻上不斷看到「心態」（mindset）這個詞彙，這些研究中引用許多有趣又意義重大的實驗結果。例如，克魯姆和艾倫．蘭格（Ellen Langer）的研究發現，飯店員工若轉變心態，將每日的工作視為運動，一個月後平均可減重超過一公斤，明顯高於不把工作視為運動的對照組。

看見心態的力量後，我開始思考：「如果心態的力量如此強大，那麼具備什麼樣的心態才能讓我們更成功？」

這個問題促使我展開一趟深度旅程，我開始閱讀管理學、心理學、教育學、行銷學等不同領域的學術文獻，以探尋我所應該認識並發展的特定心態。仔細研讀這些文獻讓我學到兩件事：

第一，我意識到心態是一個個獨立的特質，數十年來不同領域的研究所關注的心態種類往往有所不同，而且這些領域往往各自獨立進行研究，彼此互不相通，然而它們卻得出相同的結論：人的思考、學習和行動受心態所驅使。然而，如果將各領域關注的心態同時放在一條從負面到正面光譜上，我們就能清楚看見哪些心態比其他心態更能夠產生正面效果。

上述見解讓我達成前所未有的突破，發展出一套能夠整合各領域研究成果的心態架構。

我認為這是新穎且具突破性的嘗試，可以探究領導者的「存在」，而不只是研究他們的行為或他們「做了什麼」。這個架構就是本書的核心所在，我們將下一章將中詳加介紹。

第二，這些文獻對我產生深遠的影響。在了解這些心態並組成全新架構的過程中，我無可避免的開始思考及反省自身心態。我發現無論是這四組心態中的哪一組，我的心態通常都傾向負面。無論處在哪個職位上，我都像第一章提到的艾倫那樣：極力維護個人形象、希望別人認為自己是對的、避免出現任何錯誤、選擇做對自己最有利的事。雖然這些行為背後都有著合理的理由，但我始終沒意識到，這些負面的心態將驅使我用最負面、最自私的方式待人處事。

當我真正醒悟上述的道理，我發現自己之所以陷入沮喪、覺得自己不夠成功，其實並非組織和內部人員有問題，而是因為我懷有劃地自限的負向心態。

這份覺悟讓我感到羞愧，但同時也讓我從中獲得解放。感到羞愧是因為我被迫承認自己的努力並沒有用對地方，我對人生、工作和領導抱持著無效且不符目標的思考方式。獲得解放則是因為我終於明白：既然沮喪是我自己造成的，那麼我就一定可以憑藉自己的力量擺脫沮喪。

於是，我深入研究各種心態，持續深切內觀自省，並採用本書推薦的練習法，藉此改變自身心態。我承認自己的心態仍不完美，仍然還有成長和改進的空間，但我敢說自己已經從負向心態轉變為正向心態。

回顧走過的那兩段沮喪期，這份經歷固然難受，但我仍對此心存感激。這些經歷讓我更了解自己，更知道如何改善我的人生和工作。如果沒有這份經歷，我的心態就不會轉變，也就不會寫成這本書。

反思自身經驗時，我很確定在經歷沮喪期之前，我對自己的心態問題一無所知。這不僅會阻礙成功，更讓我把自己的不成功歸咎於外在因素，把心力花在解決錯誤的問題上。我的不成功是由於內在因素作祟，尤其是心態。有了這份醒悟後，我才真正有能力突破限制、海闊天空。

▲開啟無限可能

展望前程，你想為自己開啟什麼樣的可能？

本書將帶你學習如何駕馭心態的力量，為自己開啟無限可能，在人生、工作、領導三大領域獲得更多成功。

・人生上的成功

什麼是人生上的成功？以下是一些值得參考的定義：

- □人生上的成功不只是充分發揮潛能，更是發現自己的潛能遠大於預期。
- □人生上的成功是與人建立深厚、充滿愛的緊密連結。
- □人生上的成功是不斷學習和發展，直到自己可以做對的事情，即使這不是件容易的事。
- □人生上的成功是富足到樂於給予。
- □人生上的成功是為身邊的人帶來價值。
- □人生上的成功是建構符合夢想的生活。

‧工作上的成功

無論你是在華爾街、公益服務站或自家車庫工作，所謂工作上的成功，就是讓自己成為一個能夠創造比自己更偉大事物的人。你能夠妥善運用對眼前事物的主控權，做出貢獻並創造價值。你並不會每天一早打卡然後等著下班，而是積極參與並完成一個又一個的任務，貢獻出有形（例如金錢及其他可量化事物）和無形（例如態度、士氣與能量）的價值。因此你的聲音獲得尊重，你的價值受到肯定，並獲得足以支持優渥生活的收入。你在工作中擁有充分的安全感，因為你知道這份工作已經獲得保障，確信你所負責的對象未來仍需仰賴你的專業支持。無論是在目前職位、新的職位或更高階的職位上，你都被視為那個能夠不斷創造巨大價值的人，而且你也確實扮演著這樣的角色。

‧領導上的成功

我對領導的定義是：對他人發揮正向影響，從而有效達成目標的能力。我們可以將這個定義分為三個層面。

❶ **領導的關鍵在於影響力**。有些人可能會以負面眼光看待影響力或擁有影響力。但我們必須記得的是，擁有影響力是建立夢想人生和為世界創造貢獻的重要條件。布蘭登．博查德（Brendon Burchard）是擁有二十年經驗且充滿活力的演說家，其著作《高效習慣》（*High Performance Habits*）曾登上《紐約時報》暢銷書排行。博查德曾說：「影響力愈大，就能享有愈好的人生。影響力愈大，就能讓子女就更聽你的話，就能更快的解決衝突，就能爭取到想要的專案，就能讓更多人接受你的想法，就能提升銷量。影響力愈大，就能成為更好的領導者，更有機會接任執行長、升任高階主管或成功打造個人事業。影響力愈大，自信就愈高，績效就愈好。」

❷ **領導的重點不在職位**。在這個定義中，重視的不是在組織中的職位、層級或年資，而是聚焦在對他人產生正向影響的能力。無論職位高低，任何人都可以成為領導者。這就是為何我那麼喜歡博查德的見解。只要你願意，基層員工能為了無新意的職場注入青春的熱誠與能量；家庭主婦可以創造一個有利子女探索、發展並發揮潛能的環境；即使是癱瘓臥床者也可以啟發護理師和親朋好友，鼓勵他們好好把握人生。

❸ **領導是正向影響**。透過正向或負向影響都能達成目標，但這個定義強調的是「正向」影響。歷史上那些惡名昭彰的領導人都有一個共通點：他們利用負向影響來迫使人們

達成黑暗、有害的目標。優秀的領導者不須仰賴位階、權威、恐懼或威嚇，他們憑藉自身的特質來發揮正向影響。領導上的成功，就是讓人們打從心底願意跟隨你、願意被你影響。

▲小結

若想在人生、工作和領導上獲得成功，就必須認清並掌控一切行為背後的關鍵：心態，重拾自己人生和命運的主控權。當我們能夠掌控自己的心態，就能成為光明未來的驅動者與創造者；否則就只能依循人生際遇所賦予的心態，以被動者或旁觀者的角色虛度餘生。

若認清自身心態，你就能：①更準確的判斷阻礙自己變得更成功的因素，並試著去克服它；②更有效的掌控人生。如此一來，你將有能力突破過去的障礙，躍入更光明的未來。

下一章將介紹我們應該要培養和改進哪些心態，才能讓這一切成真。

第 4 章

認清目前的心態

找尋平靜之道不在於重整你的生活，
而是在於認識最深層的自我。

艾克哈特・托勒 Eckhart Tolle

* * *

人生最偉大的發現，就是發現自我。
發現自我以前，你永遠無法成為自己。請成為自己。

麥斯・蒙洛 Myles Munroe

心態是一切行為的基礎，將決定我們能有多成功。既然如此，我們豈能不深入了解心態？

大多數人把「心態」一詞當成日常用語，但卻不知道心態有多重要。在演講時，我經常詢問聽眾，是否知道任何若培養起來就能使他們更為成功的心態。聽眾通常會有兩種反應，要不是默不作聲（……烏鴉飛過），就是回答「正向心態」。正向心態固然有道理，但仍不夠具體。

這是一個嚴重的問題。

以視力來比喻，就能看出這個問題有多嚴重。假如你有遠視，遠距離的物體看得很清楚，但近距離的物體卻看不清楚。診斷出遠視以前，你會接受自己的視力，認為自己是以最佳方式觀看世界。你還會假定所有人觀看世界的方式都和你相同。

若無法發現並承認自己視力有問題，你會持續以低效率使用眼力（例如看書的時候會把書放得很遠並瞇著眼看）。你甚至可能會因為看不清楚字而抱怨：「這字怎麼那麼小？」

就算你意識到視力有問題、需要戴眼鏡，如果無法選到最合適的鏡片和鏡框，改善視力的能力終究會受到限制。這時你有兩個矯正視力的選項：第一，去店裡不斷試戴不同度數和樣式的眼鏡，直到找到造型好看、價格合理，而且能有效矯正視力的眼鏡為止。第二，找驗光師用專業儀器測量度數，精準判斷要配哪種鏡片才能矯正視力，並由驗光師的員工協助你挑選最好看又實惠的鏡框。

心態亦是如此。第一種做法是不斷嘗試不同的心態，看看哪種心態的效果最好。但這種策略的問題在於，心態不像店裡的眼鏡一樣陳列在我們眼前，多數人甚至根本不清楚自己有哪些心態可選。

這就是沮喪期的我。我不知道心態有多重要，以為自己的「視力」是最完美的。即使後來意識到心態是導致種種困境的根源，也知道自己必須改變心態，但是卻不清楚哪些心態有問題，而哪些心態才是好的心態。

為了確定成功所需的心態，我首先透過Google搜尋來快速評估心態相關知識的廣度。雖然得到大量搜尋結果，但卻讓人深感失望，原因如下：

- **有些文章聲稱要探討影響成功的關鍵心態，但通篇卻只提行為**（例如：建立長期願景、傾聽內在聲音、擁抱你的錯誤、勇於承擔風險、保持旺盛的好奇心等等）。
- **有些文章列出各類心態，卻沒把定義說明清楚。**
- **有些文章列出各類心態並說明定義，但卻無法證明這些心態會影響思考、學習和行動。**

顯然Google無法提供明確答案，於是我將目光轉向那些以「尋找經研究反覆證實會影響思考、學習和行動的心態」為目的的學術文獻。我撒下一張橫跨多個學術領域的大網，初步得到十多種心態或心態組合。

在這些有關心態的理論中，絕大多數都是近期才被提出，要不是缺乏足夠證據可以證明它們確實會對人的思考、學習和行動產生影響，就是缺乏足夠說服力讓人確信其價值與重要性，例如所謂的全球心態（global mindset）或創業心態（entrepreneurial mindset）即屬此類。

然而，有三組心態經歷數十年的研究，在不同學術領域都已累積大量且相互獨立的研究。因此我留下這三組心態，並確信它們會對人的思考、學習和行動造成顯著影響：

① **定型心態**（fixed mindset）**和成長心態**（growth mindset）。

② **開放心態**（open mindset）**和封閉心態**（closed mindset）。

③ **預防心態**（prevention mindset）**和進取心態**（promotion mindset）。

我的研究並未就此停止。身為領導力文章及書籍的狂熱愛好者，我發現有個名為亞賓澤協會（Arbinger Institute）的小眾顧問組織已經出版幾本與心態有關的著作。我在閱讀書籍以及和協會人員接觸的過程中，發現該協會數十年來致力於協助個人和組織轉變思考、學習和行動以獲得成功。亞賓澤協會所關注的一組心態是：

- **向內心態**（inward mindset）**和向外心態**（outward mindset）。

將這四組原本各自獨立的心態結合在一起，使我得以建構出至今最為周全的心態架構。數十年來的研究已經證實，這四組心態關係到個人該如何有效駕馭人生、有效處理人生際遇，使我們確信聚焦於這些心態將有助於思考，並獲得更加成功的人生。

讓我們回到先前視力的比喻，這套架構能夠清楚展示有哪些心態可供我們選擇。這樣一來不僅可以增強我們「挑選」更好心態的能力，還能像驗光師那樣協助我們精準衡量自身心態。相較於憑感覺「試戴」各種心態，直到似乎找到正確心態為止，這種策略自然更為精準，也更為有效。

因此我特別設計出一套「個人心態測驗」，協助你認清目前自身的心態，並找到適合發展的心態。透過評估工具和本書內容，你將能改善自己看待世界和經營人生的方式，就像遠視患者找驗光師配眼鏡那樣。

四組心態

每組心態皆雙雙成對，一端為正向心態，另一端為負向心態，因此常被人們以二分法呈現和討論。但實際上，這些心態是具有連續性的，所以請把它們想成一個光譜，而不是黑白分明的二元對立。這些心態組合分別為：定型／成長心態、開放／封閉心態、預防／進取心態、向內／向外心態。下圖展現其連續性的本質。

相關研究顯示，我們的心態會分別落於這四條光譜上的某處。無論你的心態是偏向正向，或是偏向負向，都能夠有意識的去改善心態、使心態變得更為正向，從而獲得更成功的人生，打造更成功的事業，成為更成功的領導者。

圖中右側的四種正向心態（成長、開放、進取、向

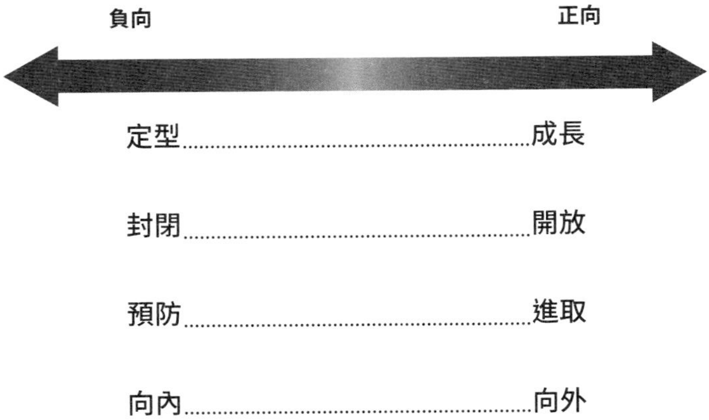

外），經研究反覆證實能讓人更有效駕馭人生並邁向成功，因此我將其統稱為「成功心態」，也就是讓人生、工作和領導更成功的關鍵。圖中左側的四種負向心態（定型、封閉、預防、向內），人們總是喜歡為它們找藉口，但經研究反覆證實這些心態會阻礙並限縮成功，因此我將其統稱為「限縮心態」（Limiting Mindsets）。

▲個人心態測驗

以上我已經列出本書將探討的四組心態，但目前暫時不提供定義，也不做介紹。因為如果你在進行測驗前就讀到這些心態的定義和解釋，到時候將無法誠實並準確的回答問題，導致測驗結果出現偏差。

現在我想邀請你完成一份「個人心態測驗」。請盡量誠實答題，以目前的心態為依據，而不是挑選理想中的答案。若不誠實以對，測驗便毫無價值。

此外，人的心態經常隨環境而有些許變化（例如，在公司的心態可能和在家有差）。因此，答題時請想著身處平常花最多時間和精力面對的環境，或對你而言意義最為重大的環境。

本測驗費時約七分鐘。每題都會呈現兩個極端敘述，請你依敘述符合程度在測驗中點選相應的數字。

答完所有問題後，你填寫的電子郵件信箱會收到一份個人化的全方位報告。報告提供的資訊將會協助你：

- **更了解這四組心態。**
- **了解自己在這四條心態光譜上位於何處（每組心態皆有個人分數，搭配與其他受試者的比較排名）。**
- **改善自身心態。**

「個人心態測驗」的網址如下：

許多做過測驗的人表示，這是足以改變人生、改變組織的關鍵體驗。例如，最近有幾位剛離婚不久的人做完測驗後告訴我，如果能夠早點醒悟自身的心態問題，就能更清楚看到改善婚姻的方法，或許當時根本不用離婚。這些經驗充滿悔不當初之情，令人既感佩又哀傷，也讓我們能從中看見這份測驗的價值。

從《財星》雜誌全球前十大企業到中小企業，已有數十個組織使用這份測驗來培育高階主管。人資主管們告訴我，他們公司的高階主管們把組織搞得烏煙瘴氣，所以急需工具和訓練課程來協助這些主管看清自己的惡行惡狀。這種情況確實非常普遍。崔維斯・布萊德貝利（Travis Bradberry）和琴・葛麗薇絲（Jean Greaves）在《EQ致勝》（*Emotional Intelligence 2.0*）中提到，高階主管的情緒智商通常是全組織中最低的。難怪有些主管一直不太願意做心態測驗和接受訓練。然而，一旦這些主管願意嘗試進行「個人心態測驗」，測驗報告會將他們的心態和數千名受試者比較，讓測驗結果的客觀性難以受到質疑。當主管們不得不承認他們現有的心態，通常就能有所醒悟，從而提升自我覺察，改善情緒智商。

這份測驗曾經為許多人帶來覺醒時刻，相信也將為你帶來相同體驗，協助你開始以全新的角度看待自我。

如果你發現自己擁有某些負面心態，請不要苛責自己。收到報告的那一刻只是旅途的起點，我們不需要苛求自己一定要在從未關注過的事情上表現完美。如果你已經具備某些成功心態，那麼這份報告將使你對自己更有信心。無論「個人心態測驗」的結果如何，只要開始試著改善各種心態，就能夠讓你變得更加成功。

這份測驗就像是心態的氣壓計，你可以隨時重新測量，觀察自身的改變和進步。

▲標籤的力量

這個心態架構之所以能夠幫助你提升自我覺察和邁向成功，主要是因為它為心態提供清楚的標籤和定義。如果沒有這些標籤和定義，人在改進心態時會變得難以看清、甚至不可能看清應該著重的地方，就像射擊暗處的目標一樣難以辨識。有了標籤以後，就能以清晰、明確、有效的方式看清自身心態，培養四種「成功心態」。

一旦了解心態的定義，為心態標上清楚的標籤，光做到這件事便足以改變人生。當我初次讀到這些心態組合時，我對自身抱持的許多不理想心態有所醒悟。我發現自己的心態在各光譜上都偏向負面，因而在人生、工作和領導上阻礙我邁向成功。在此之前，我以為自己的心態就是最好的心態，以為自己的想法就是最好的想法，但我根本是大錯特錯。

對目前的心態有所醒悟，並承認這樣的心態無助於成功後，我便有能力做出改變。雖然我仍在改進（誰又何嘗不是如此？），但我覺得自己已經站在四條光譜上偏正向的那側。轉變舊心態和培養新心態的過程中，我的思考、學習和行動也會跟著改變。現在的我對自己更有自信，相信自己有能力活出更成功的人生，打造更成功的事業，成為更成功的領導者。

我期待新的心態能為我開啟更多機會，使我更為成功。

我希望你也能對自己和未來懷有這份樂觀之情。

▲心態背後的認知科學

進一步探討之前，我們應該先了解心態的本質，以及心態在大腦中的運作方式，從而理解心態為何是一切行為的基礎，並釐清改善心態的方法。

還記得嗎？先前我將心態比喻為「心理眼鏡」或「心智燃料的過濾器」。這些固然是心態的作用，但就神經心理學的角度來看，心態其實是大腦前額葉皮質中與聯想記憶（associative processing memory）有關的神經網絡。

前額葉皮質是大腦的執行指令中樞，負責處理感官所接收到的資訊，以主導思考、感覺和行動。這裡就是產生心智過濾功能的地方。當然，大腦裡沒有裝過濾器，過濾效果是由某些神經網絡所驅動，這些神經網絡比其他神經網絡更容易被激發。

神經網絡是大腦細胞，也就是神經元之間的連結。神經元分為三個部分：細胞體

（soma）、軸突（axon）和樹突（dendrites）。細胞體所產生的電脈衝會流經軸突，使其釋放神經傳導物質（多巴胺等化學物質）至神經元之間的空間，也就是突觸（synapse）。在突觸裡，一顆神經元的軸突連結至另一顆神經元的樹突。這些神經元間的連結組成神經網絡。

人類大腦有兩套記憶系統，其中一套是「快速連結系統」，負責快速記錄情節記憶。如果我請你回想上一次出遊的情景，你的腦海中是否馬上浮現某些栩栩如生的畫面？這就是快速連結系統的作用。唯有透過有意識的思考才能獲取這些記憶。

另外一套記憶系統叫「聯想處理系統」，是緩慢學習的記憶系統，負責從經驗中累積知識。面對各種情境時，這套系統會根據先前經歷的類似情境，迅速自動填補資訊。換言之，觀察到某個情境的線索時（例如：這個情境似乎存在風險），聯想處理系統會自動從過往經驗檢索資訊（例如：上次冒險觸碰，結果被燙到），協助我們安然度過眼前的情境。這套記憶系統大多是無意識運作，讓我們能夠迅速理解當下的情境。

愈仰賴某些記憶表現，就愈會強化聯想處理系統裡和這些記憶表現有關的神經連結。神經連結愈強，軸突釋放神經傳導物質的能力就愈強。因此，不同神經連結觸發的機率不一。

聯想處理系統裡強大的神經連結就是我們的心態。這些連結在無意識的情況下自動運作，使我們以重複固定的模式處理資訊。這就是為什麼學者估計人的思考、感覺、判斷和行動，有高達九〇%是由無意識的自動化歷程所驅動。

大腦習慣以某種模式運作（例如極力規避挑戰），不代表我們無法以不同的方式處理資訊（例如視挑戰為必經之路）。若要培養更為正向的心態，就必須從事更有意識的思考，進行精心設計的練習，多加利用正向、但使用頻率較低的神經連結，藉此克服現有的大腦迴路。

上述四組心態，其實就是不同種類的神經連結。

▲小結

在以下四篇中，我們將分別探討四組心態，每篇都有四章，以相同結構寫成。第一章定義並介紹心態組合，第二章說明負向和正向心態如何推動思考、學習和行動，第三章探討心態如何促成人生、工作和領導上的成功，第四章介紹改善既有心態的方法。

如果你還沒完成心態測驗，誠摯邀請你現在就填寫，這樣我們才能一起繼續探討各組心態，更進一步認識自身的心態。

第二篇

成長心態

第 5 章

發現成長心態

與其浪費時間一再證明自己有多偉大，
不如投入心力精進自我。

卡蘿・杜維克 Carol S. Dweck

二〇一二年十一月十日，全國美式足球排名第十五的德州農工大學（Texas A&M）對決排名第一的阿拉巴馬紅潮隊（Alabama Crimson Tide）。比賽開始七分鐘後，德州農工隊以七比〇領先對手，球員各個排在阿拉巴馬隊的十碼線上，氣勢洶洶，準備得分。德州農工隊的攻勢來到第三檔，距離得分線不到十碼。在這之前，紅潮隊平均每場比賽以十九分輾壓對手。德州農工隊若能在此檔達陣，便能以兩次達陣領先阿拉巴馬紅潮隊；相反的，若無法達陣，就只能靠射門，還得祈禱別錯失大好良機。

計時器剩下最後三秒，球被傳到德州農工隊強尼．曼澤爾（Johnny Manziel）手中。就讀大學一年級的曼澤爾是四分衛，他以精彩球技獲得舉國上下的關注。他退至霰彈槍陣型的後方，紅潮隊球員見狀立即上前壓制。曼澤爾趕緊向右移轉，但馬上遭到攔截。閃避時，他撞上隊友，球被拋向空中。他泰然自若，鎮定以對，接住球立刻衝向左邊空地，兩眼望向端線，把球輕拋給達陣區後方有大空檔的隊友，德州農工隊再度達陣，最終以二十九比二十四擊敗阿拉巴馬紅潮隊。在這場比賽中，曼澤爾總計傳球三十一次、成功二十四次，傳球碼數達二百五十三碼，還成功達陣兩次、衝球九十二碼。

曼澤爾在這場關鍵比賽中的絕佳表現，足以說服海斯曼獎（Heisman Trophy）評選委員，證明他有資格獲得這項大學美式足球的最高榮譽。一個月後球季結束，他果真成為史上首位獲得海斯曼獎的大一學生。此外，他還是首位獲得曼寧獎（Manning Awards）和戴維．歐布萊恩全國四分衛獎（Davey O'Brien National Quarterback Award）的大一學生，成為公認的全美大學美式足球最佳四分衛。

這的確是項耀眼到不可思議的成就，但更不可思議的是：曼澤爾全靠天分行事。他說自己才不玩戰術，還成功說服教練允許他不看戰術本。

不看戰術本的四分衛？何止如此，他連比賽影片都不太看。這是多麼強大的天賦！

成為美式足球界的佼佼者後，曼澤爾很快就打入上流社交圈，媒體上經常出現他和職業運動員及流行音樂巨星開趴的新聞。當時的他，似乎註定將成為明日之星。

可惜的是，儘管他擁有驚人的天賦與優勢，但這就是他職業生涯的巔峰。

曼澤爾很想在大一結束後就參加國家美式足球聯盟（NFL）的選秀會，然而聯盟規定高中畢業滿三年才有資格參加選秀，他只好回到德州農工大學再讀一年。在這段期間，他繼續用高超球技驚艷全美，為原本就不可思議的成績錦上添花。但他縱情玩樂、毫無節制的私生活，讓他的行情在二〇一四年的聯盟選秀前持續探底。根據外洩的聯盟球探報告顯示：

- **教練不能責罵或對他吼叫，不然他會完全不理會教練，甚至曾經直接掉頭走人。**

・很會鑽體制漏洞，為人傲慢自大。從來不去上課，我行我素，但自信滿滿。

・是個自我中心的人。不成熟，不喜歡事前準備，難伺候，缺乏職業道德。

二〇一四年的國家美式足球聯盟選秀會上，克里夫蘭布朗隊（Cleveland Browns）在第十九輪選拔加碼換購曼澤爾。球隊開訓後，有隊友稱讚曼澤爾的球技「令人嘆為觀止」。可惜的是，這就是曼澤爾在布朗隊的巔峰。

成為職業球員後，曼澤爾依然堅信天分會讓他取得成功。優秀的四分衛總是執著於各種細節，無論對吃的東西、競賽用球的硬度、對手的防守策略都百般計較，然而曼澤爾付出的努力卻微乎其微。他週末不曾拿出iPad來研究戰術本，而是去和名流開趴狂歡。由於缺乏準備，他在訓練賽中表現極差。這是他自高中一年級以來首次在足球場上失利，很快就對自身能力失去信心。回顧這段經歷，曼澤爾說：「所以我開始憂鬱。」

和許多新秀一樣，曼澤爾沒被列入先發名單。直到球季後期，布朗隊戰績一直不太理想，所以派曼澤爾上場，看看能不能反敗為勝。第一次出場，曼澤爾兩次傳球遭攔截，終場傳球評分低到不能再低。可想而知，布朗隊最終以三十比〇落敗。賽後，隊員抱怨曼澤爾要不就是對球隊戰術不了解，要不就是無法在正確時機下達戰術。一週後，他的腿後肌受傷，整個球季隨之報銷。

曼澤爾的人生持續走下坡。腿後肌受傷一週後，在布朗隊該球季最後一場比賽的前一晚，他飛到拉斯維加斯開趴狂歡，結果沒趕上班機，也錯過腿傷的強制療程，嚴重損害他在教練團和隊友眼中的形象。翌年，他又因毒癮和酒癮多次進出戒治所，而且頻頻爆出私生活等種種問題，甚至陷入法律訴訟，最後被布朗隊釋出。此後，他持續進出戒治所，荒廢了數個球季。

後來，曼澤爾加入加拿大足球聯盟（Canadian Football League），披上蒙特婁雲雀隊（Montreal Alouettes）的戰袍，企圖東山再起。首場比賽中，他四次傳球遭攔截，不久就被換下場坐冷板凳。之後，他又試著加入剛成立的新美式足球聯盟（Alliance of American Football），但過沒多久，這個聯盟就宣告破產。現年二十六歲的他，已經淡出職業美式足球界。

對我而言，曼澤爾人生最讓人驚異之處在於：他是如此天賦異稟、閃耀奪目，似乎註定要成就一番偉大事業，但最後卻跌落神壇，身敗名裂。

這類案例層出不窮，相信你也曾經聽過許多類似案例。有些人看似前途光明，但最後卻一敗塗地；相反的，有些人看似缺乏天賦，卻能立業建功，締造輝煌。

湯姆．布雷迪（Tom Brady）是美式足球史上最偉大的四分衛之一。他剛從密西根大學畢業時可說是沒沒無聞，充其量只是個比中等程度稍微優秀的四分衛。選秀時，他第六輪補選時才以第一百九十九順位獲選。在球季開始前，球隊會將球員名單縮減至五十三人，他這種等級的新秀通常註定要被淘汰。何況看過他場上表現或訓練的人都知道，他的體能不如聯盟中的多數球員，而且速度還很慢。

然而，如今的布雷迪是史上獲獎最多的四分衛，曾經贏得六次超級盃（Super Bowl）、九次美國足球聯會（AFC）冠軍、四次超級盃最有價值球員，以及兩次國家美式足球聯盟最有價值球員。

當我們看著曼澤爾（首位贏得海斯曼獎的大一學生，在選秀會以第十九順位獲選）和布雷迪（在選秀會以第一百九十九順位獲選）的經歷，自然會浮現一個相當關鍵的問題：「為何有些人能克服劣勢，功成名就，有些人卻辜負才華，一敗塗地？」答案通常在於定型心態和成長心態之別。

▲定型心態與成長心態

定型心態者相信，每個人的能力、才華和智力是與生俱來且無法改變；而成長心態者則相信，每個人的特質可以因努力而改變。兩者差異雖小，但影響甚鉅。

每個人都曾經歷相同的內在衝突，一方面希望自己在別人眼中看起來很厲害，另一方面又希望自己能夠持續學習成長。當我們很想讓自己看起來很厲害，自然就會盡可能逃避那些可能出錯或失敗的任務；然而這類具有挑戰性的任務，不正是學習成長的最佳機會嗎？

為了緩解這樣的衝突，大腦最終會發展出特定的神經迴路，使我們的專注力只能從二者擇一：要不就是追求看起來很厲害，要不就是追求真正的學習成長。

定型心態者往往會優先追求讓自己看起來厲害。原因為何？這是因為他們相信人的特質無法改變，所以遭遇失敗時唯一的合理解釋就是：我是一個失敗者。他們打從心底害怕被視為失敗者，於是極力規避挑戰，遇到困難就直接放棄。此外，由於他們相信人的能力是先天註定的，所以成功會如水到渠成般自然降臨；如果成功遲遲沒有來到，他們就會覺得自己缺乏成功所需的能力。他們通常不會奮發努力，也不會有計畫的投注心力。

首位提出人具有成長和定型兩種不同心態的學者杜維克說：「成功者的特徵為：終身熱愛學習、尋求挑戰、重視努力，而且遇到障礙時仍堅持不懈。」對照上述關於定型心態者的描述，你覺得定型心態者擁有這些成功者的特徵嗎？

成長心態者則是將焦點放在學習和成長，因此他們會做一些有助於自我發展的事情。遇到挑戰時，他們不會逃避或氣餒，而是保持樂觀的態度，將挑戰視為成長和進步的機會。他們不相信成功會自然發生，遭遇失敗時非但不會放棄，反而會更加努力，投注更多心力。這就是為什麼布雷迪等人可以成為真正的運動巨星，願意比其他更具天分者更努力且更有成就的原因。

請回想一下第二章提到的研究，就能明白這兩種心態所造成的深遠影響。杜維克等研究者發現：定型心態者遭遇失敗時，會立即視自己為失敗者，對自己的能力失去信心，對自己充滿負面評價，甚至直接選擇放棄，再也不願意接受類似的挑戰；成長心態者的反應則剛好相反，他們不認為想不出答案就代表自己能力不足，而是把困難的題目當成學習和成長的機會，所以會更加努力研究如何克服這些難題。

讓我們回頭想想曼澤爾。他抱持的是何種心態？他是否相信成功應該水到渠成？他遇上困難時是否能夠堅持不懈？他是從失敗中學習，還是將失敗內化？很顯然的，曼澤爾的天賦使他具備征服體壇巔峰的能力，但他的心態卻讓他跌落谷底。

▲成長心態和定型心態的成因

為什麼有些人會成為定型心態者，有些人則成為成長心態者？主要因素有下列三項：

❶**教養方式**。許多研究發現，父母和老師的稱讚會形塑孩子的心態。稱讚孩子的能力（例如「你真聰明！」）會助長定型心態，讓他們覺得被人認定有天賦、有智力很重要；稱讚孩子的努力（例如「你很認真完成這件事！」）則會助長成長心態，讓他們體認學習、成長及培養能力的重要。此外，父母對孩子的關愛與接納也會影響孩子的心態。當孩子覺得不被接納，就會感到失落與孤獨。為了獲得安全感，孩子會創造出另一個更符合父母期待的「自我」，以尋求父母的接納。這類「自我」通常是在假裝自己擁有符合他人期待的特質，因而會助長定型心態。

❷**生活環境**。請想想我們所受到的教育，今日的中小學教育真正重視的，到底是對教材的學習與理解，還是拿個亮眼成績上間好大學？社會對得高分的重視，讓許多學生（甚至是多數學生）產生定型心態，他們關心自己在成績單上的表現如何，而不是實際學到多少。而大學生也總喜歡選修分數給得很「甜」的課程，而非對生涯發展最有利的課程。對此，達利歐曾說：「我常覺得父母和學校過分強調學生要有正確答案。那些在學校裡表現最好的學生，往往也是最不擅於從錯誤中學習的學生，因為他們在教育體系的訓練下，把犯錯當成失敗，而非機會。這將嚴重阻礙他們的進步。」

❸**工作環境**。要了解工作環境會對心態造成影響，安隆公司（Enron）就是一個經典案

例。安隆有一種非常強調天賦的文化，認為員工要不就是有才華，要不就是沒才華，所以將焦點放在聘雇天才，而非培養員工。於是整間公司人人努力扮演天才，想盡辦法讓自己看起來比別人更厲害、更耀眼，而且永遠不會犯錯。這種文化導致從主管到員工都投機取巧、隱匿實情，最終拖垮整間公司，董事長肯尼思・雷（Kenneth Lay）和執行長傑佛瑞・史基林（Jeffrey Skilling）都因詐欺罪而入獄。

▲你的心態為何？

根據「個人心態測驗」的結果，你比較偏向哪種心態？

如果你偏向定型心態，請別太早認定自己就是這樣的人。心態是可以改變的，這就是心態發展的美妙之處。許多研究發現，即使只是一些微小的介入（例如每天練習十五分鐘或閱讀幾段文章）也可能讓心態有所改善。

無論測驗結果為何，當你認識定型心態和成長心態的差異，了解這些差異對人生、工作和領導的影響，你將更有能力培養成長心態。讓我們一同探索、一同甦醒、一同培養杜維克所列出的成功者特質：熱愛學習，尋求挑戰，重視努力，並且遇到障礙時仍能堅持不懈。

第 6 章

成長心態對思考、學習和行動的影響

落敗時的思考方式，
決定你還要多久才能贏得勝利。

吉爾伯特・基思・切斯特頓 Gilbert Keith Chesterton

克里斯多福・蘭根（Christopher Langan）被譽為「世界上最聰明的人」，從他的智商數字來看似乎確實如此。人類平均智商為一〇〇，愛因斯坦（Albert Einstein）智商一五〇，而蘭根的智商則高達一九五。

一般認為智商愈高的人，成就就愈高，而且愈有能力建立雄偉大業，就像愛因斯坦提出相對論那樣能改變世界。那麼，蘭根對世界的貢獻為何？他獲得哪一項諾貝爾獎？蘭根或許未來有機會成就大事，但截至目前為止，他前半輩子都在紐約長島的酒吧裡當保全。

像蘭根和曼澤爾這種天賦異稟的天才，為何表現卻遠不如眾人所期待？

為了回答這個問題，心態研究先驅芭芭拉・李赫特（Barbara Licht）與杜維克在一項實驗中，先透過心態測驗將受試學生區分為定型心態者和成長心態者兩類。接下來，她們從兩類學生中各取一半的人，請他們閱讀作業本並回答七個問題。在第一組學生當中，成長心態者有六八％全部答對，定型心態者則有七七％全部答對。

在下一階段的實驗中，她們請另一半受試者回答同樣七個問題，唯一不同之處，是在題本第一頁加入一段艱澀難懂的文章。在第二組學生當中，成長心態者有七二％七題全部答對，比例和第一組差不多。令人震驚的是，定型心態者七題全部答對的僅有三五％。李赫特和杜維克認為許多定型心態者具備答對題目所需的技能，卻無法掌握文章內容並答對題目，因為他們缺乏認知彈性，無法克服起初的困惑。換句話說，他們缺乏有助於克服逆境的心態。

當我第一次讀到這個實驗時，不禁開始思索自己曾經有多少次因為心態上無法克服一些小事（例如一段艱澀難懂的文章）而表現不佳。

毫無疑問的，這群表現欠佳的定型心態學生覺得自己已經盡最大努力，卻仍摸不著頭緒，不知道自己真正的問題到底出在哪裡。蘭根和曼澤爾就是如此，他們自認已經盡最大努力，卻因為所抱持的心態影響著他們的思考、學習和行動，因而讓社會大眾對這些擁有絕佳天賦的人無法取得應有成果而感到疑惑。更令人遺憾的是，曼澤爾近幾年來被各種媒體持續關注與負面報導，已經嚴重損害他的形象。

接下來，我們要探討定型心態和成長心態如何影響人的思考、學習和行動，並對人生發揮根本性的作用。

▲思考

人的才華、能力和智力是否可以改變和進步？這個問題的答案，也就是定型心態與成長心態者之間的差異所在。差異雖小，但影響甚鉅。

定型心態者認為人無法改變，覺得有些人天生擁有取得高成就和成功所需的才華、能力和智力，有些人則完全沒有。在這種截然二分的思考方式影響下，他們在心裡無意識的評判自己和他人的成敗，根據表現水準來幫每個人貼上「有天分」或「沒天分」的永久性標籤。

成長心態者認為人的才華、能力和智力是可以進步的，所以根本不在意所謂的天分。他們認為每個人當下和未來的表現並非取決於先天能力，而是後天的練習和努力。

基於這樣的根本性差異，定型心態者和成長心態者會發展出截然不同的價值觀，看重截然不同的事情，也產生截然不同的恐懼。定型心態者非常關心自己是否有天分，天分是他們自我價值感的來源。因此，他們過度關注自我形象，願意付出任何代價來保護它。對於出醜的深層恐懼，將主宰著他們的思考和行為模式。

成長心態者認為努力比能力更能決定人的表現，所以不是那麼在乎自身形象，而是在乎自己能有多少成長、發展和進步。也就是說，他們重視的不是外在形象，而是內在發展。他們要的不只是「看起來很厲害」，更是「實際上很厲害」。他們也有恐懼，但恐懼的是無法充分發揮自身潛能。

請停下來思考一下。我剛才已經描述兩種心態間的最大差異：定型心態者習慣展現出厲害的樣子，急於展現形象，而且最害怕出醜；相反的，成長心態者則想要變得厲害並持續精進自身能力，最害怕無法充分發揮自我潛能。你認為上述兩種心態哪一種比較容易成功？

一旦我們認識兩種心態的差異，就很容易看清它們所帶來的不同結果，尤其是在體壇上。美國職籃（NBA）金州勇士隊（Golden State Warriors）就是很好的例子。勇士隊的明星陣容家喻戶曉，二〇一五年起每年都打進總決賽。勇士隊有位球員名叫卓雷蒙．格林（Draymond Green），又被稱為「黏著劑」（glue guy），因為他願意做一些能夠幫助團隊致勝的「小事」（例如傳球、掩護隊友、搶籃板等）。然而他最讓人印象深刻的地方，是常向裁判發牢騷，以及老是被判技術犯規。在七年職籃生涯中，他共計被判七十八次技術犯規。有些人認為他是勇士隊痛失二〇一六年總冠軍的元兇，因為他在季後賽被判太多次技術犯規，導致他在總決賽的一場關鍵戰役中遭到禁賽。此外，每當他在比賽的激烈時刻中傳球失誤，就會自暴自棄的把雙手甩向空中，而且總是拿隊友出氣。這種無理取鬧的行為，常會導致他和隊友之間的衝突。

我們來看看勇士隊的另一位球員，他是明星控球後衛史蒂芬．柯瑞（Stephen Curry）。許多人認為柯瑞是史上投籃技術最佳的球員。每當他進球後，習慣以手拍心，然後指向天空。他說：「這個動作的意思是『心存上帝』，讓我銘記打球的初衷和力量的泉源……這是個很好的基本觀念。」他不認為成功完全出於天分、能力或智力。他就算在場上犯錯或表現不佳，也鮮少出現負面反應。你所能看到的，頂多就是他在自言自語，告訴自己接下來應該如何調整。在十年職籃生涯中，他只被判過十七次技術犯規。

從旁觀者的角度來看，格林偏向定型心態。他似乎過於在意自己的形象，而且可能害怕出醜。他認為犯錯等同顯示自己沒有天分，所以犯錯時會產生負面反應，怪罪他人以保住自身有天分的地位。相反的，柯瑞則偏向成長心態，他似乎不把犯錯當成沒天分的跡象，而是當成學習的機會，藉此精進球技和能力。

格林和柯瑞顯然都是相當成功的球員，兩人都贏過三次美國職籃總冠軍，而且多次入選季明星賽。然而，兩人為自己和球隊致勝的效能卻大有差異，而兩人在未來是否能持續更上一層樓，也將因為心態上的差異而有明顯不同的結果。

▲學習

定型心態與成長心態者在行為模式及人生成就上，為何會如此不同？經過三十多年的研究，學者發現背後有兩個主要原因：這兩種心態的人在學習和發展的可能性上有所不同，對於失敗和努力的看法亦有顯著差異。

定型心態者視失敗為致命傷害，認為失敗會讓他們被視為「缺乏天分的人」。為了維護自身的完美形象，他們習慣性規避失敗。挑戰困難事物就得承受失敗風險，所以他們得要盡可能避免接受挑戰性任務。

定型心態者評估挑戰難易度的標準，就是「這需要投注多少努力」，如果任務不需要多少努力就能輕鬆達成，他們就會樂於接受；相反的，如果任務需要很多努力才可能達成，他們就會覺得失敗風險過高而能躲就躲。

同樣的，定型心態者相信成功應是水到渠成，如果成功沒有自然而然的發生，就代表自己沒有這方面的天分。遇到困難或挑戰時他們寧願選擇放棄，轉往新方向去找尋成功，而非在當前道路上持續投注努力。

恐懼失敗和挑戰、認為沒天分的人才必須努力，這正是曼澤爾的主要問題所在。他以為如果他真的有天分，他就無須努力，成功會自然而然降臨。「弱者才必須努力」的信念，使他無法成為一位成功的職業四分衛。

成長心態者則不在乎自己有沒有天分，也不會以負面眼光看待失敗和努力。對他來說，失敗是難能可貴的經驗，也是認清有待改善之處的最佳方法。因此，成長心態者會擁抱挑戰，視挑戰為鞭策自我、從經驗中學習的大好機會。

面對挑戰時，成長心態者多半也會思考「這需要多少努力」，但不是為了評估事情的難易度，而是想知道接受這個挑戰將能為自己帶來多少成長。他們知道成長來自努力，而成功來自成長，所以遇到困難時，不會像定型心態者一樣選擇退卻，而是願意投注更多心力，讓自己迎向成功。

讓我們再一次思考哪種人的行為模式較為有效。是那些規避挑戰及失敗，認為弱者才必須努力的人？還是那些視挑戰和失敗為學習成長機會，明白唯有努力才能成功的人？

我想以一個我家的親身案例作為總結（請別和我太太說我曾告訴你這件事）。妻子與我新婚時，因為沒什麼烘焙經驗，因此她一直表示想學烘焙。然而，當時具有定型心態的她由於恐懼失敗，反而不敢真的碰烘焙。她的觀念就是典型的定型心態：若烘焙失敗，就會成為一個「失敗的妻子」。更糟的是，她擔心新婚的丈夫也會視她為失敗的妻子。所以她多年來不敢從事烘焙。後來當她終於開始嘗試後，出爐的成品經常失敗，例如做出吃起來像麵團的麵包或乾硬到無法下嚥的餅乾。每次烘焙失敗後，她總得消沉數個月才願意再接再厲。在這樣的心態作祟下，她無法看清努力才是邁向成功的道路。

每次烘焙失敗，我都試著告訴她：多練習就好，至少得累積十至二十次烘焙經驗，也許還要經歷多次失敗，但只要持續學習和調整，最終一定能做出理想的成品。

時至今日，我們已經結婚十年，如今，我可以很開心的宣布，我的太太已經慢慢累積起足夠的經驗，培養出成熟的烘焙技巧，不僅會做虎皮蛋糕給兒子慶生，就連可口誘人的香蕉麵包、蒜味起司捲也難不倒她。烘焙已經成為她日常生活的一部分。

我不禁好奇：若她早點對自身心態有所醒悟，並調整定型心態，從而更願意接受失敗、更願意有計畫的努力，那麼她多快就能學會烘焙？

事後來看，很容易就能看出是定型心態阻礙她的學習，使她無法掌握想學會的技巧。但當時的她無法看清這點，只懷抱著希望自己看起來很厲害而恐懼失敗的定型心態，因此造成她與理想目標之間的那道鴻溝。如果她能早點認清自身的定型心態、調整看待自己的方式，學習烘焙之路就能走得更有效率、更有樂趣。

▲ 行為

我們可以將挑戰和失敗視為需要規避的事物，將辛苦和努力視為能力不足或應該轉換跑道的警訊；相反的，我們也可以將挑戰和失敗視為學習的機會，將努力視為通向專精的途徑。不同的心態，將為我們帶來截然不同的行為。

回首前塵，我可以清楚看到定型心態如何改變我的人生道路。

打從有記憶以來，我一直以定型心態面對課業。我在意的是得到的分數，而不是學到的東西，總是想以最少的努力得到Ａ。這對我來說並不困難，我每科幾乎都拿得到Ａ，還申請到大學第一年的學術獎學金。進入大學後，我依然抱持這種心態。

我念大學的目標是成為醫生，所以我必須修習為期一年的大一化學課，以滿足進入醫學院的申請資格。授課教授是當年為3M發明便利貼的那位化學家，他當人從不手軟，因此被學生戲稱為「割草大師」。我也明白這點，但我不會輕易為此改變心態：以最少的努力得到Ａ。

第一學期，我結識另一位同樣想念醫學院的學生。我造訪他的租屋處時，他總是在念書。當時我覺得很奇怪：「他為什麼要一直念書？」結果第一次期中考成績公布，他得Ａ，我拿Ｂ。當時的我深感意外，但現在看來一點也不奇怪。

在定型心態的影響下，我不認為拿Ｂ是代表自己不夠用功，反而為自己找藉口：「我只是還不熟悉教授的出題方式。」結果第一學期結束時，我拿到B-的成績，這是我得過最低的分數。而那位同學則依然得到Ａ，而且是全班最高分。

那時的我該如何理解這般窘境？在定型心態作祟下，我不覺得他是因為努力而拿到好成績，我相信問題出在他有化學天賦，而我沒有。於是在下學期中，我不但沒有加緊努力，反而自暴自棄，不只放棄化學，更放棄行醫的夢想。結果下學期我得到Ｃ，同時開始尋找新的主修。問題很明顯，是我的定型心態限制我對自身情境的思考，進而也限制我的學習與行為。

雖然有點不想承認，但我的定型心態影響的不只是化學課，而是整個大學生涯。即使之後我再也沒拿過B以下的成績，但我的心態卻阻礙我付出更多努力去學習那些無法輕鬆掌握的課程內容。

我的經歷並不特殊。杜維克一再發現，定型心態者希望自己看起來很厲害，所以規避挑戰、避免努力，盡量選擇能讓自己看起來很厲害的任務，最終限制住成功的可能。杜維克曾在實驗中給受試者兩個選擇：第一是重做簡單的益智遊戲，第二是嘗試更為困難的益智遊戲。結果發現，定型心態者會留戀安全、簡單的益智遊戲，以確保自己能成功、讓自己看起來很厲害；相反的，成長心態者質疑這樣做的價值，並選擇困難的益智遊戲，持續精進自我。

若「個人心態測驗」顯示你具有定型心態，請思考定型心態過去有多少次曾阻礙你樂觀迎接挑戰，使你不願意投注更多心力。在當時的情況中，你比較注重個人是否有天分，還是個人的進步程度？

是否有天分從來不是重點，只有定型心態者才講天分。成長心態的觀點更為健康，也更為有效：「若無法輕鬆駕馭某件事，一定是我努力不足。」

▲小結

還記得那位非營利組織執行長艾倫嗎？在他盡力扮演好領導者角色的同時，他的定型心態不斷為自己帶來錯誤的思考、學習和行動：他選擇繼續使用行之已久的領導力訓練計畫，而不是結合新科技和教學方式來研發嶄新訓練計畫。

艾倫沒有意識到自己的定型心態及其影響。他的定型心態喜歡那套行之已久的訓練計畫，是因為他知道經過實際驗證的教材不會讓他出醜，而且不需要投注額外的努力；相反的，新的訓練計畫意味著他得去學習新領導理論、新教學媒體、新教學方式。艾倫的定型心態不喜歡挑戰新事物並為此付出大量努力，對他來說，嘗試新東西就會提升失敗風險，努力學習就代表自己沒天分。於是，艾倫拒絕嘗試任何更新訓練計畫的構想。

艾倫抱持的定型心態，讓他覺得堅持使用過去證明有效的訓練計畫是合理的做法，使他無法看見這個決策會阻礙個人成長和發展、限制組織為顧客帶來的價值。最終，這個決策讓他離成功愈來愈遠。

第 7 章

用成長心態
重新定義成功

允許自己失敗，
就是允許自己成功。

艾洛斯・瑞斯達　Eloise Ristad

在你的心目中，誰是史上最成功的籃球運動員？麥克．喬丹（Michael Jordan）想必名列前茅。以下是他在Nike電視廣告中說的話：

在我的職業生涯中，我投過超過九千顆失誤球，輸掉過將近三百場比賽。有二十六次，因為隊友的信任讓我投出決定勝負的一球，而我卻失手了。我的人生經歷一次又一次的失敗，這就是為什麼我能成功。

喬丹這段話講的雖是他的職籃生涯，但他似乎在人生各層面都秉持這樣的態度。高中二年級時，他沒有入選二年級校隊名單。雖然深受打擊，但他運用這次失敗鞭策自我。從此以後，他每天早晨在教練到校前就去健身房報到，教練常得把他趕出健身房，叫他進教室上課。喬丹說：「訓練中感到疲累想停止的時候，我就會閉上雙眼，想著更衣室裡那張沒有我的名單，然後就有動力了。」

橋水基金創辦人兼前任執行長瑞．達利歐在《原則：生活和工作》（*Principles*）裡曾講過這個小故事：

我以前有位滑雪教練，他曾經指導過那位史上最偉大的籃球運動員——喬丹。教練告訴我，喬丹犯錯則喜，他把每次錯誤當成改進的機會。喬丹明白，錯誤就像是一片片小小的拼圖，若能完成它，你將得到一幅璀璨的作品。如果每次能從錯誤中汲取教訓，就能避免未來犯下上千次類似的錯誤。

喬丹的想法比較像是定型心態還是成長心態？很顯然的，成長心態是他成功的關鍵因素。三十多年來，對定型心態和成長心態的研究已經得到許多重要成果，並引起眾人的極大關注。如果你希望用一句話來總結這些成果，所有研究者都會認同這句話：「在你為取得成功而做的所有努力中，『培養成長心態』是最重要的關鍵所在。」成長心態使人能夠迎接挑戰、善用挫折，而這兩點正是成功的要件，也是堅持定型心態者無法企及的境界。

在本章中，將探討定型心態和成長心態如何影響人生、工作和領導上的成功。

▲人生上的成功

下列五點中哪種人更有機會活出成功人生？

❶ 是認為自己無法改變、無法成長、無法發展的人；還是認為自己可以改變、成長和發展的人？

❷ 是重視人有天分之別、極力展現個人形象的人；還是重視學習成長、極力精進自我的人？

❸ 是遇到困難就放棄的人；還是努力不懈，堅持向前的人？

❹ 是一時失敗就認為自己完全失敗的人；還是視失敗為學習和成功基石的人？

❺ 是規避挑戰的人；還是迎接挑戰的人？

與定型心態者相比，成長心態者大腦迴路所形成的世界觀和行為模式顯然更有助於成功。在先前看過的案例中，已經在在證明這一點。透過曼澤爾和蘭根的人生故事、格林在球場上的種種狂態、我太太學習烘焙的心路歷程、我大學時期的學習方式，以及艾倫的工作態度，希望你已經看見定型心態如何限制我們的效能、成功和潛能。

此外，透過布雷迪、柯瑞和喬丹這些偉大運動員的故事，希望你已經明白他們成功的關鍵不在於天賦或才華，而是在於處世態度。他們之所以成功，是因為成長心態所產生成功的特質：熱愛學習、尋求挑戰、重視努力，而且遇到障礙時仍堅持不懈。

截至目前為止，我們所說的「成功」都是指一個人的表現是否充分發揮潛能。表現固然重要，但那只是成功人生的一個面向。成功的人生遠遠不只是外在表現，更是包含對自己人生的滿意程度，以及工作生活、人際情感、親子關係的品質。就上述各種面向而言，定型和成長心態的研究也已經得到許多有趣的重要發現。

根據本書目前所述，你認為哪一種人的自尊、幸福感和自信較高？是定型心態者還是成長心態者？你想的沒錯，答案就是成長心態者。原因為何？當我們擁有定型心態時，我們得不斷與人比較、不斷確認自己到底有沒有天分，這些比較讓我們更容易看見自己所缺乏的天分、無法擁有的人生，以及各種不如人的地方。相反的，當我們擁有成長心態時，將更容易看見自己的進步、人生中的幸福、即將到來的機會，以及自我的價值。

接下來，我將介紹保羅．歐基夫（Paul O'Keefe）、杜維克和葛雷格．沃頓（Greg Walton）近期發表的研究，這份研究與我們的職涯發展有直接關係，也和建立愛情關係有所關聯。

三位研究者發現：一個人對工作的看法，會影響其工作選擇與發展。具體來說，定型心態者認為才華、能力和智力是固定不變的，所以相信有個最適合的工作在等著他們，非得找到能夠真正激發工作熱情的地方不可。那麼，該如何確認哪份工作才能真正激發熱情？主要就是看這份工作做起來是否輕鬆自在。對定型心態者來說，「需要努力」是一個危險訊號，代表繼續走下去將面臨種種挑戰與失敗，所以應該馬上設法轉換跑道。如果工作起來輕鬆自在，他們就認定自己找到能夠真正激發熱情的工作；然而一旦工作上遭遇困難或需要努力，他們就會開始覺得這份工作不適合，而且無法激發熱情，於是傾向放棄並開始找新工作，而不是努力去克服眼前的困難與挑戰。

成長心態者看待職涯的方式則完全不同。成長心態者不認為有個最適合的工作在等著他們，而是相信還有許多選項和機會可以開發，所以他們不覺得需要去找一個能激發熱情的工作，而是傾向於「培養熱情」。因此，遇到挑戰、需要努力時，他們不會覺得走錯路，而是認為應該要投注更多心力。

雖然研究者沒有討論心態對愛情關係的影響，但我認為愛情關係同樣適用這個道理。挑選伴侶或配偶時，定型心態者通常想找「真命天子」或「靈魂伴侶」，也就是那個「對」的人。若關係感覺很自然，而且無須投注過多心力，定型心態者就會認定對方是他們的靈魂伴侶，然而一旦出現困難（不可能不出現），他們就認為對方不是自己的靈魂伴侶，開始考慮是不是應該分手。

成長心態者則不太會認為有一個「對」的人在等著他們。他們相信愛情關係成功的關鍵不在於找到對的人，而是在於長期用心投入與培養彼此間的感情，也明白每段關係都必然會有其獨特的挑戰。每當遇到困難時，他們不會就此覺得兩人不適合而結束關係，而是認為應該投注更多心力、更努力維繫感情。

讀完這些研究，我最大的心得就是：無論是職涯還是愛情關係，定型心態者喜歡走最輕鬆的路，而成長心態者願意走更為艱難的路。結果定型心態者總被困在原地，無法看見四周美景，而成長心態者則不斷往高處邁進，因此得以環顧望遠，飽覽無限風光。

最後，我想分享一則關於子女教養的研究。相信所有父母都希望幫助孩子發揮潛能，尤其希望孩子能在學業上有出色表現。

教育學者班雅明・馬特斯（Benjamin Matthes）和海宏・史德格（Heidrun Stoeger）的研究發現，父母的心態會影響孩子的心態，也會影響父母對孩子課業的管理方式，從而影響孩子的學業表現。研究人員比較成長心態與定型心態的父母，發現成長心態的父母愈有可能教出成長心態的孩子。這類父母不需要緊迫盯人，就能讓孩子的回家作業及考試成績維持一定水準，也比較不會因為作業的事而和孩子起衝突。而且不意外的，他們的子女成績表現通常比較好。

身為人父，我很喜歡這份研究。我希望以建構信任和連結的方式，培養子女充分發揮潛能。這份研究啟發我更進一步培養成長心態，建構一個更有助於孩子成功的環境，讓他們能夠脫穎而出。

我們已經探討過許多研究，這些研究一再證明，諸如「我們是否相信人的才華、能力和智力可以改變」這樣看似微不足道的小事，卻會影響人生各個重要層面的成就。

你是否相信自己和他人可以有所改變？你是否聚焦於學習成長，而非只想讓自己看起來很厲害？你是否願意迎接挑戰，而非逃避挑戰？你是否視失敗為精進自我與更上一層樓的機會？遇到困難時，你是否能夠堅持不懈、努力向前？

對於以上問題，如果你無法堅定的回答「是」，請你想一想，過去在一些人生的重要面向上，你是否一直卡關而無法充分發揮潛能？是否曾錯失許多大好機會？

我要告訴你一個好消息，若想充分發揮潛能並把握成功契機，其實你並不需要付出巨大的努力。你需要的只是換上一副更好的眼鏡，改變你看待這個世界的方式。第八章會詳細說明你該如何達成這個美妙的任務。

▲工作上的成功

二〇〇〇年至二〇一三年，微軟的市值在兩千億美元附近盤旋，股價則維持在每股二十六美元上下。市值兩千億沒什麼毛病，但陷入停滯的成長率代表這間公司正逐漸被競爭者所超越。面對即將來臨的二〇一四年，當時的微軟根本還沒為未來的成功做好準備。

然而自二〇一四年起，微軟卻一飛沖天，近期市值達到一兆美元，成為全球四大最有價值的企業，和蘋果、Alphabet、亞馬遜並駕齊驅，股價更是停滯期的五倍之多。

今日的微軟前景是否看好？肯定是！

今昔之別何在？

有一個很明顯的差異：執行長換人了。薩帝亞．納德拉（Satya Nadella）於二〇一四年接任微軟執行長。納德拉認為，執行長「CEO」裡的「C」指的是「組織文化的形塑者」（curator of the organization's culture），而這也是執行長最重要的職責。因此自納德拉上任第一天起，改變微軟的企業文化就是他的首要之務，其中的核心便是成長心態。

納德拉自一九九二年加入微軟以來，曾見證大幅成長，也歷經過長期停滯。後來，他讀到杜維克在《心態致勝》（*Mindset*）中對定型心態與成長心態的探討，讓他發現微軟停滯不前的原因正是定型心態造就的企業文化。根據他的描述，微軟的企業文化是「僵固，每位員工都得向大家證明自己什麼都懂，證明自己是在場最聰明的人。大家最注重的是究責、準時、達成目標數字。會議開得很正式，會前一切都得鉅細靡遺的規劃……階級分層主宰一切，自發和創意受到殘害。」他更指出領導團隊缺乏冒險精神，「害怕受嘲笑，害怕失敗，害怕自己不是在場最聰明的人。」

注重「展現形象」勝於「學習成長」的組織就是這個模樣，瀕臨死亡的組織也是這個模樣。當一個組織僵固死板、拘泥形式、深陷恐懼，就不會有生命、創意、更不會有創新。

皮克斯動畫工作室（Pixar Animation）則是一個恰恰相反的經典案例。皮克斯是地球上最具創意、最會創新的企業之一。一九九五至二〇一九年間，皮克斯總計推出二十部動畫片，有十五部名列全球五十大最賣座的動畫電影，其中七部更是榮登全球票房前五名，這還不包含迪士尼收購皮克斯後出產的動畫電影：《冰雪奇緣》（*Frozen*）、《動物方城市》（*Zootopia*）、《海洋奇緣》（*Moana*）和《魔髮奇緣》（*Tangled*）。

皮克斯創意和成功背後的功臣是艾德・卡特莫爾（Ed Catmull）。卡特莫爾是皮克斯動畫工作室的共同創辦人兼總裁，也是迪士尼動畫工作室的總裁。在他眼裡，他的職責是「打造一個有助於孕育創意的環境，保持它的健康，並留意任何可能傷害它的因素……尤其是那些阻止我們前進的障礙，這些障礙往往會在我們一不注意時，扼殺公司繼續蓬勃發展所需具備的創造力。」

對卡特莫爾來說，過去的經驗讓他意識到，最容易扼殺創意的就是「對失敗的恐懼」。這種恐懼源自於時時刻刻試圖入侵組織的定型心態。他明白「失敗不好」是一種根深蒂固的觀念，因為大家都認為失敗就代表不聰明。失敗時，我們會感到羞愧難堪，經歷強大的內在負面情緒。我們一心只想避免這種痛苦的感受，所以看不見失敗的價值。

有鑑於此，卡特莫爾刻意塑造一種成長心態文化，以治癒因定型心態而生出害怕失敗的恐懼。他讓皮克斯的員工了解並克服失敗帶來的短期負面情緒，明白失敗具有重要且正向的長期價值。他非但沒有醜化失敗，反而鼓勵失敗。

為何鼓勵失敗？卡特莫爾表示：「失敗是嘗試新事物的必然結果，因此我們必須珍視失敗。沒有失敗就沒有原創。」他接著說：「失敗是學習和探索的表徵。如果不曾經歷失敗，就代表你可能犯下更為嚴重的錯誤：你被『避免失敗』的欲望所主宰。透過逃避來避免失敗的策略，註定會讓你徹底失敗。」

在充滿恐懼、醜化失敗的組織文化裡，員工會規避風險，不願探索新的領域和想法。他們喜歡採用安全的既定路線，他們做的事情不會有創意，也無法帶來任何影響。皮克斯明白，公司的文化不只得允許失敗，更得要珍視失敗，員工才能有所突破，從事真正有創意和創新的工作，大膽向前邁進，而非怯步慢走。

《蟲蟲危機》（*A Bug's Life*）、《海底總動員》（*Finding Nemo*）、《海底總動員2》（*Finding Dory*）和《玩具總動員》（*Toy Story*）全系列動畫電影的編劇兼導演安德魯．史坦頓（Andrew Stanton）恰恰證明此文化的力量。史坦頓的成長心態讓他發展出一套擁抱失敗的個人哲學。他最著名的事蹟就是告訴團隊要「及早失敗，趕快失敗」，而且要「盡你所能及早犯錯」。

此外，他主張：如果有人在工作上嘗試嶄新、有創意或原創性的東西，我們應該要用看待學騎車或學吉他的人的眼光來看待他們。意思是指：學騎車哪有不跌倒的？學吉他哪有不彈錯音的？我們不該奢望有人能在完全不跌倒或彈錯音的情況下學習新東西。當有人跌倒或彈錯音時，我們也不該把車子或吉他沒收不讓他們繼續學習。憑藉著這種失敗哲學，史坦頓建立起一種能讓成員安全探索、解決重大問題、盡情發揮個人創意的團隊文化。

這種勇於面對失敗並立即做出調整的態度，也就是所謂的敏捷性（agility）。這樣的態度不僅會影響組織和團隊，更會深深的影響著每個工作者。

《怪獸電力公司》（*Monsters, Inc.*）導演彼特．達克特（Peter Docter）就是很好的例子。達克特剛啟動這項專案時，皮克斯過去不曾啟用約翰．拉薩特（John Lasseter）之外的導演。這對皮克斯而言是代價高昂的賭注，也令達克特倍受檢視。

我們都知道這部動畫中有三位討喜的角色：「毛怪」蘇利文（Sully）、「大眼仔」麥可（Mike）以及大膽無畏的小女孩「阿布」（Boo）。然而，這部動畫片的原始提案可不是如此，是一名三十歲男子如何面對一群只有自己才看得見的恐怖怪獸。

這部動畫是如何從這樣的原始發想，逐漸發展為截然不同的精彩故事？答案很簡單，就是「失敗」二字。在真正找到方向之前的幾年時間中，達克特和他的團隊犯下無數次錯誤，每次改變方向都讓團隊倍感壓力。然而，達克特認為若非經歷這些實驗、測試與重新評估，就不可能找到體現動畫核心概念的最佳設定：怪獸真的存在，牠們靠驚嚇小孩維生。達克特明白唯有歷經探索才可能有所突破。他從不認為錯誤的嘗試只是徒勞無功，而是認為每一個想法都能使團隊更接近最佳選項。就像卡特莫爾說的：「當實驗被視為必要且富有成效，而不是令人沮喪與時間浪費，人們就能開始享受自己的工作，即便他們依然處於困惑之中。」

具有成長心態的達克特不會堅守原始的發想。他相信自己和原始的發想可以持續成長，因而更能精準的傳達他想呈現給觀眾的核心概念。由於他那極富敏捷性的靈活心態，使得《怪獸電力公司》成為家喻戶曉的經典動畫。

根據數十年來先後執掌皮克斯及迪士尼的經驗，卡特莫爾總結出對失敗應有的態度：

雖然對許多人來說，實驗所帶來的風險是令人害怕的，但我認為更可怕的是因為害怕風險而避免實驗。過度規避風險導致許多企業停止創新、拒絕新的發想，這就是邁向沒落的第一步。企業會陷入困境往往是因為這個原因，而不是因為它們敢於突破界線、勇於冒險與失敗。若要成為一家真正有創造力的公司，你必須開始嘗試可能會失敗的事情。

為了實現從定型心態到成長心態的組織變革，納德拉宣布微軟將著重「無所不學」，而非「無所不懂」。他為微軟構思新的使命宣言來推廣成長心態：「我們的使命是幫助全世界的每個人、每個組織都能貢獻更多、成就更大。」這是多棒的使命宣言！這則宣言激勵領導者與員工培養前瞻遠見，使他們自然而然去思考：「我該如何幫助他人成長？」

顯然，這樣的焦點轉換已經為微軟帶來巨大利益，這樣的利益不僅反映在公司營收上，更為員工及世界帶來無限希望。

▲領導上的成功

你是否聽過「執行長病」（CEO disease）？意思是指某人在企業裡逐步高升，其自我覺察能力卻隨之衰退；他們相信自己無所不能，任用對自己唯命是從的人，只要遇到反對意見就會出現激烈反應。

領導者和主管患有執行長病的比例多高？雖然我們不願承認，但其實差勁且失能的領導者比比皆是：

- **四〇%的美國人認為自己的主管很壞。**
- **七五%的員工認為自己的主管最糟糕，也是工作上最大的壓力來源。**

這些數據令人反胃，但最驚人的是，當我為領導者提供訓練與輔導時，他們的說法卻如出一轍：「我已經盡力了。」我相信他們說的是事實，但仍然不免十分好奇，為何那麼多領導者表示自己盡心盡力，但實際上領導效能卻是如此低落，有時甚至具有破壞性。

問題就出在他們的心態。在負向心態的影響下，領導者的思考及行為看似合理，但實則有害，從而產生上述十分負面的統計數字。

讓我們回到第一章談過的艾倫。艾倫的組織離職率高、領導失能，但反抗其領導的人（也就是那些不唯命是從的人）最後要不是自己選擇離開，要不就是被迫離職。問題出在哪裡？對旁觀者而言，問題明顯出在艾倫希望掌控一切，當員工討論或反對他那些有問題的決策，他就會覺得受到威脅。但艾倫被定型心態所蒙蔽，覺得自己並沒有錯，努力證明自己是在「去除老鼠屎」和「打造高凝聚力的團隊」。他透過美化自己的行為來維持自我感覺良好，但實際上卻是在限制組織效能、提高員工流動的成本，並塑造負面又充滿恐懼的組織文化。定型心態使他看不清自己是多麼的糟糕。

本書探討的所有負向心態都有使人盲目、對自身行為合理化的效果，但定型心態是領導失能最主要也是最普遍的原因。過去我對兩個大型組織所做的問卷調查結果恰好可以證明這點。第一間公司名列《財星》世界十大企業，在分析該公司一百三十位高階主管後，發現四二％的領導者具有定型心態，比盛行率排名第二的負向心態高二〇％。第二間是歐洲大型電信公司，調查發現該公司的二百六十三位高階主管中，定型心態者達五五％，比盛行率排名第二的負向心態高一〇％。

這引發一些值得探討的問題：

- 為何那麼多領導者具有定型心態？
- 為何具有定型心態的領導者會造成如此大的破壞？
- 為何具有成長心態的領導者能發揮如此大的效益？

以下分別針對這三個問題一一做說明：

• 為何那麼多領導者具有定型心態？

定型心態者相信人的才華、能力和智力無法改變，所以他們滿心想的都是該如何維護自身形象。他們知道組織和社會期待領導者要保持積極正向，所以打從升任管理職位就倍感社會與文化壓力，努力展現完美狀態，甚至希望自己能夠永不犯錯。為了維護完美形象，他們希望能隨時有效控制周遭的一切。

如果領導者無法意識到上述情況，這種壓力和控制欲將導致兩種後果：第一，會發展出定型心態，也就是引發執行長病的根源。第二，如果領導者已經有定型心態，其負面效應便會放大，導致執行長病的蔓延與惡化。

• 為何具有定型心態的領導者會造成如此大的破壞？

管理學家提出的「高層理論」（upper-echelon theory）可以為我們解答這個問題。根據高層理論，組織最高領導者所重視的事情會影響他們所處理的資訊、所做出的決策，從而決定組織的方向與成敗。那麼，又是什麼決定他們重視的事情和處理資訊的方式？答案一點也不令人意外，就是他們的心態。換言之，高層領導者的人數雖少，但他們的心態卻對整個組織成敗有著巨大影響，而組織的成敗就取決於高層領導者所重視的事情：是要「讓自己看起來很厲害」，還是要「讓自己持續學習與成長」？

這就是為什麼當領導者具有定型心態時，通常會為組織帶來嚴重的負面影響。由於他們亟欲提升形象並證明自己是有天分的人，因此從頭到尾他們最為重視的事情就是如何印證自己的超群和偉大。這種欲望成為一切行為的基礎，使得員工想要為組織發揮正向影響的欲望遭到抑制。在定型心態作祟之下，他們選擇自我保護，而非推動組織往前邁進。

我想舉個實際案例，說明領導者具有定型心態會有什麼下場。一九七九至一九九二年間，李．艾科卡（Lee Iacocca）擔任克萊斯勒汽車公司總裁、執行長兼董事長。他當時成功重振克萊斯勒的企業形象，挽救公司免於滅亡，因而被世人譽為英雄（但現在看來，克萊斯勒當年之所以能起死回生，真正原因是美國政府提供紓困，並適時阻擋日本汽車進口）。

商業評論家認為，高傲自大、富有明星光環的艾科卡，加上他那本把自己塑造成英雄人物的暢銷自傳，成功改變美國企業的領導文化，雖然這個改變並非往好的方向走。長久以來，美國人對於「執行長」的印象就是了然無味又平淡無奇的老古板；但在艾科卡功成名就後，「執行長」成為美國的超級英雄，被當明星般看待。《基業長青》（*Build to Last*）及《邁向偉大之道》（*Good to Great*）的作者吉姆．柯林斯（Jim Collins）曾言：「一九八〇年代，媒體與整個文化對『執行長』的看法出現截然不同的轉變。你可以清楚辨識出促成轉變的分歧點：艾科卡的自傳出版。從那刻起，一切都顯然不同於以往。」執行長的超級英雄神話就此誕生，各大企業都渴望擁有自己的艾科卡。

評論家們表示，若非艾科卡，後來的唐納．川普（Donald Trump）、史蒂夫．賈伯斯（Steve Jobs）、伊隆．馬斯克（Elon Musk）等人也不會被人們追捧而享有名氣。《*Slate*》雜誌記者詹姆斯．索羅維基（James Surowiecki）甚至主張：「若非艾科卡，安隆和世界通訊（WorldCom）可能也不會爆發醜聞。」

艾科卡自傳的封面上，展現他穿著襯衫、打著領帶、躺在辦公椅上的模樣，他將雙手枕在頭後，擺出一副霸氣外露的姿態。顯然，艾科卡亟欲展現權威形象。

在領導過程中，他想要證明自己是個極有天分的偉大人物。從各方面可看出來，他重視自己的發展勝過克萊斯勒的發展。克萊斯勒內部的知情人士戲稱，「艾科卡」（Iacocca）的意思就是「我永遠是克萊斯勒公司的董事長」（I Am Chairman of Chrysler Corporation Always）。從外部看來，他顯然花太多公司的時間和資源在提升自我形象，藉此推升克萊斯勒的股價，卻不注重培養公司的長期獲利能力。例如他壓低員工薪資、限制改善製程的投資，但花費兩百萬美元翻修位於紐約的辦公總部。

歷經短暫重振後，克萊斯勒再度陷入衰退，在在顯示艾科卡的定型心態對公司造成多大的傷害。當股東對克萊斯勒的績效表示不滿時，艾科卡非但沒有負起責任並調查問題根源，反而找起藉口怪罪別人。當日本汽車產業（如豐田、本田等公司）開始席捲美國市場後，艾科卡並沒有想辦法改善克萊斯克的汽車產品，而是和雷根政府一起推動進口關稅和進口限額，藉此阻擋日本汽車業進軍美國。《紐約時報》對此痛罵：「解決之道在於改善美國汽車，不是憤而怪罪日本。」

柯林斯對艾科卡在克萊斯勒執行長任內表現的評論，明顯點出定型心態使艾科卡重視自保勝於組織進步：

艾科卡……拯救克萊斯勒免於災難，開創美國企業史上名聞遐邇的逆轉勝。擔任執行長中期，克萊斯勒的股價一度高於大盤二．九倍。接著，他卻轉而把自己塑造成美國企業史上最馳名的執行長……常上《今日》（*Today*）和《賴瑞金現場》（*Larry King Live*）等談話節目，親自飾演八十多部電視廣告，還曾經考慮參選美國總統（他說：「經營克萊斯勒比治國還要難……我六個月就可以搞定美國的經濟」），還高調推廣自傳（銷量達七百萬本）……艾科卡的個人股價一飛沖天，但克萊斯勒的股價在他擔任執行長後期卻落後大盤三一％。

具有這種定型心態的何止艾科卡。學者曾用一套方法衡量執行長是否極力展現形象並刻意證明自己的天分。第一，衡量執行長的薪資比位階第二高的主管高多少。第二，觀察公司年度報告中，執行長個人照片的大小。這些研究發現，相對薪資愈高、年報中照片尺寸愈大，執行長愈過度自信、出現欺詐行為的機率就愈高。

杜維克為定型心態對領導者的影響做出以下總結：定型心態領導者的標準作業程序就是「怪罪他人，掩蓋錯誤，推高股價，擊垮對手及批評者，壓榨基層」。更糟糕的是，這些領導者在定型心態的作祟下，真心相信上述作業程序就是最佳做法。

• 為何具有成長心態的領導者能發揮如此大的效益？

成長心態使領導者重視組織的發展，而非個人形象。成長心態與定型心態領導者有四點差異，這四點差異會導致組織和員工走向截然不同的結果。

其一，成長心態的領導者重視的不是自我形象或自我捍衛，而是做出成功所需的行動。即使這些行動可能有損其形象，他們仍義無反顧。因此，他們的決策能促進公司的長遠利益。

全錄公司（Xerox Corporation）二〇〇一年至二〇〇九年的董事長兼執行長安・慕凱（Anne Mulcahy）就是經典實例，她的領導作為在業界被譽為傳奇。在她的領導下，全錄公司不僅挺過破產邊緣、克服財務災難，還在短短幾年內轉虧為盈。《財星》雜誌盛讚她是「繼路易斯・葛斯納（Lou Gerstner）以後最火熱的逆轉勝」。

慕凱上任全錄執行長後，並沒有裝模作樣、沒有做對自己最有利的事情、沒有打造自我形象，而是做為組織好的事情，即使這些事情未必符合完美執行長的形象。她為了深入了解公司、評估決策對組織獲利的影響，她會把大本大本的資料夾搬回家，趁週末趕緊努力研讀，彷彿是週一早上要去參加期末考。她甚至請人指導她看懂資產負債表。這類作為肯定無助於展現她是最能幹、最夠資格的執行長，但卻證明她重視組織的發展勝於維護自身形象。

我不禁好奇，有多少定型心態領導者能像她一樣，願意從頭開始學習如何看懂資產負債表。

其二，成長心態領導者不會怪罪他人，也不會找藉口（這些都是自保行為），而是願意承擔責任，藉此促成正向轉變。為錯誤負責可能無助於提升領導者形象，但領導者若不願負責，組織必定會痛失良機。

剛才提到慕凱是「繼葛斯納以後最火熱的逆轉勝」，接下來我們就來談談葛斯納的事蹟。葛斯納於一九九三年四月至二〇〇二年間擔任ＩＢＭ的董事長兼執行長。一九九三年，ＩＢＭ創下美國企業史上最嚴重虧損（八十億美元），但在他九年的領導下，公司歷經翻天覆地的組織改造，讓市值從兩百九十億美元躍升為一千六百八十億美元。這是一項驚為天人的成就！用「翻天覆地的組織改造」可能都不足以形容ＩＢＭ經歷的改變。ＩＢＭ完全改變商業模式，從以大型電腦為主的策略轉為提供整合型資訊科技解決方案。

與艾科卡不同，葛斯納並沒有把ＩＢＭ的差勁表現歸咎於外在市場條件，也沒有主打自身的知名度。正因為沒做這兩件事，他才能處理導致ＩＢＭ衰退的主因。當時的ＩＢＭ在電腦市場爭奪戰中慘輸微軟、惠普（ＨＰ）與蘋果。葛斯納馬上著手處理導致缺乏生產力的內部因素（很可能是過去定型心態領導者的產物）：權利與利益。他打破組織分層，解散管理委員會（ＩＢＭ主管的最高職位），聽取外部夥伴的建議，開除愛耍心機與權術的員工。他建立一套成長心態文化，令大家重視學習、發展與進步，從而使市值翻漲六倍。

其三，成長心態者不會遭遇質疑就啟動防衛機制，而是主動尋覓質疑他的人。成長心態領導者常說：「我試著聘雇比自己聰明的人」，而且勇於面對來自這些人的質疑與批評。定型心態領導者隱藏自身弱點，但成長心態領導者承認自己有弱點，並引進人才克服這些弱點，為組織建立優勢、技能與權力上的平衡。

講到成長心態的領導者，卡特莫爾就是很好的例子。他在加入皮克斯之前早已明白，如果希望使團隊取得成功並迎接日新月異的技術挑戰，就必須大膽任用比自己聰明、厲害的人。事實上，當他第一次領導組織並籌組團隊時，面試的第一批人之中就有一位擁有耀眼資歷的領導人才：匠白光（Alvy Ray Smith）。

卡特莫爾坦承：「與匠白光見面時，我心裡五味雜陳。老實說，他比我更有資格領導這個實驗室。我到現在還清楚記得當時內心的不安，一種面對潛在威脅而產生的本能情緒：或許這個人有朝一日會取代我的位置。不過無論如何，我還是把他聘進來。」在具有成長心態的卡特莫爾不求自保，而是謀求組織的發展。他明白實驗室若要成功，就必須克服自己的不安全感，招攬頂尖人才。

卡特莫爾在職涯早期就學到的東西，是唯有成長心態者才能領悟的道理：

自此之後，我盡量聘雇比自己聰明的人。招攬優秀人才最明顯的好處，就是他們善於創新、出類拔萃，通常能讓公司看起來很厲害，連帶也能讓你看起來很厲害。招攬優秀人才還有一個比較不明顯的好處，我是在事過境遷、回首前塵時才驀然發現：任用匠白光的決定，讓我成為一個真正的管理者，當我選擇無視心裡的恐懼，我才發現這份恐懼毫無道理。

這些年來，我看到許多人選擇看似安全的道路，但也因此獲得甚少。雇用匠白光對我而言是個風險，但這個風險卻帶來極高報酬：一位才華橫溢且盡忠職守的隊友。讀研究所時，我曾思考未來要如何複製大學中追求的卓越環境。現在我明白該怎麼做了：即使冒著風險，也應該放手一搏。

其四，成長心態領導者關注的不只是自身發展，更是關注如何協助員工成長。定型心態領導者認為員工的能力、才華與智力不可能提升，所以沒必要花時間、精力及資源協助員工進步。只有成長心態領導者會願意在員工身上投注心力，幫助他們變得更好。

根據彼得．賀斯林（Peter Heslin）、唐．范德瓦利（Don VandeWalle）及蓋瑞．萊森姆（Gary Latham）的研究發現，具有成長心態的主管給予員工的回饋量更多、品質更好。他們更發現，成長心態主管更願意指導表現欠佳的員工，這意味著定型心態主管比較容易放棄這類員工。換言之，定型心態領導者若認為員工表現不符期待，就會想辦法讓員工離開，而不是去了解員工為什麼表現欠佳（例如缺乏所需的設備或資源）。所以他們不知道員工表現欠佳的原因，也無法改善員工表現欠佳的問題。

成長心態領導者重視學習與成長，而非證明自己很行，所以他們不需要特地維護自尊心，也毋須證明或展現自己的優越。相反的，他們能投注時間及資源來滿足部屬的需求，讓部屬在協助下邁向成功。

▲小結

想一想，一個人看待世界的方式，竟然會對人生、工作及領導上的成功產生如此巨大影響，豈不令人驚訝？下一章，讓我們一起建立並培養強健的成長心態。

第 8 章

培養成長心態

人真正的問題不是因為目標過高而失敗，
而是因為目標過低而成功。

佚名

先前提到曼澤爾的定型心態如何影響其思考、學習和行動，使他無法善用自身天賦。一九八〇年代，有另一位運動員也因為定型心態而落入同樣的泥淖，但他後來卻能善用成長心態，引進統計分析與預測，以準確評估棒球運動員的價值，從而改變棒球界。如今，每一支棒球隊都採用這套方法。這位運動員名叫比利·比恩（Billy Beane），現任奧克蘭運動家隊（Oakland Athletics）的執行副總，負責球務營運。暢銷書與賣座電影《魔球》（*Moneyball*）就是講述他的故事。

比恩就讀聖地牙哥的迦密山高中（Mt. Carmel High School）時，他的表現就不斷吸引球探及職業球隊的注意。天賦異稟的他是貨真價實的「五工具球員」（five-tool player），意即擊球、長打、跑壘、臂力及守備能力俱佳。在棒球人才輩出的南加州，他名列最偉大的高中棒球運動員之林。

比恩是全方位的運動奇才。除了在棒球場上大放異采以外，他也是籃球及美式足球明星。他的成績也相當頂尖，「學業成績平均積點」（GPA）達滿分四·〇。史丹佛大學提供雙重獎學金讓他進入學校的棒球隊及美式足球隊（擔任四分衛，在約翰·艾爾維〔John Elway〕榮登職業聯盟殿堂後接替他的位子）。一九八〇年職棒大聯盟的選秀會上，比恩是名列前茅的潛力新秀。紐約大都會隊（New York Mets）考慮第一輪選拔就挑選他，但由於各隊都猜測他會先就讀史丹佛大學而非直接進入職業聯盟，所以大都會隊在第二十三輪選拔才選中他。

可惜的是，天賦異稟的比恩具有定型心態，導致他遇到失敗時很容易就放棄。棒球場上的失敗是常態，平均上壘率為〇．三二〇，意即每位打者每個打席只有三二%的機率可以上壘。麥可．路易士（Michael Lewis）在《魔球》中寫道：「比恩不只不喜歡失敗，更是不知道如何失敗」。無論是被三振還是擊出強勁的平飛球但被接殺，比恩認為出局就代表自己很失敗。他將失敗內化，進而貶低自信。

定型心態使比恩無法充分發揮潛能。展開棒球職涯後，他多半在小聯盟裡打滾。從大都會隊、明尼蘇達雙城隊（Minnesota Twins）、底特律老虎隊（Detroit Tigers）到奧克蘭運動家隊，他一直困在小聯盟的農場體制內。厭煩這種生涯的他請求調職，並於一九九〇年成為奧克蘭運動家隊的球探。三年後，他升任助理總經理，一九九七年更是成為運動家隊的總經理。

比恩任職助理總經理期間，剛好遇上運動家隊經營權易主。一九九五年起，新的經營團隊嚴格落實節約政策，球員薪資從大聯盟前段掉到後段。比恩能用的預算十分有限，無法聘用頂尖球員，難以組成一支能贏球的隊伍。

此時，比恩的心態發生轉變。由於運動家隊的薪資限制導致贏球困難，比恩開發出一套新的球員遴選系統，重視球員在場上的實際表現，而不是採取當時的主流做法：尋找擁有最佳天賦的球員。對此，心理學家杜維克評論道：「他們買心態，不買天賦。」

比恩的成長心態實驗於二〇〇二年開花結果。那年，運動家隊的球員薪資在全聯盟倒數第二，卻贏了一百零三場球，創下連勝二十場紀錄，並獲得分區冠軍。可想而知，運動家隊的成就引發轟動。自此以後，大聯盟各隊都開始透過統計分析來挑選及調度球員（安排先發打序、決定守備位置）。職業棒球隊的管理及比賽策略就此徹底改變。

▲心態可以改變

人人都能透過改變心態，來讓自己變得更成功。在約書亞・艾榮森（Joshua Aronson）、凱瑞・弗利德（Carrie Fried）及凱瑟琳・古德（Catherine Good）的研究中，研究者請學生寫下「儘管遇到困難，仍要努力學習」（藉此培養成長心態），結果發現這批學生在課堂參與度及學習表現上，都明顯優於沒有寫下這些文字的對照組。在後續的研究中則發現，這種看似微不足道的練習，卻能為人的態度與行為帶來顯著影響，效力最長可達六週之久。

為充分掌握改變心態之道，讓我們回顧一下認知科學對心態的研究成果。心態是大腦前額葉皮質中的神經迴路，它們比其他神經迴路強度更大、速度更快。這些神經迴路使我們能以固定的方式迅速處理資訊。

因此所謂的「改變心態」，意思其實是重塑我們的大腦，改造大腦內的神經迴路。我們必須減弱與負向心態有關的神經迴路，強化與正向心態有關的神經迴路。

為了達成這個目標，我們應該將以下大腦運作原則銘記在心：當一組神經元同時被激發，彼此就會逐漸串連成神經迴路，並隨著反覆激發而變得愈來愈強大。

重塑大腦的過程，其實和學習用外語從一數到十沒什麼兩樣。一開始我們會先學習代表每個數字的單字，接著開始每天在生活中刻意練習用新語言數數，幾週下來就能自然流利的用外語從一數到十。你瞧，我們就這樣重塑自己的大腦。

定型心態者在改善心態時經常遇到一個挑戰：既有心態使其認為人無法改變大腦連結。杜維克就曾親身經歷從定型心態到成長心態的轉變。她寫道：「我終於明白自己從前為何如此在意犯錯和失敗，終於發現自己還有其他選擇。」若要重塑大腦並打破定型心態，就必須做出選擇：相信自己可以改變。

該如何培養這樣的信念？一旦你了解到你的大腦的可塑性原來這麼高，就會更堅定的相信自己可以改變。TED與TEDx演講就是絕佳的學習管道，建議在YouTube上搜尋「TED大腦可塑性」，就能找到數十場優質演講。我也推薦諾曼・多吉（Norman Doidge）的《改變是大腦的天性》（*The Brain That Changes Itself*），該書簡介如下：

幾個世紀以來，人們普遍認為大腦是無法改變的，但關於神經可塑性的新興科學研究正推翻這種傳統觀點……有位女性天生只有半邊大腦，但卻能透過重塑而發揮完整的大腦功能；有盲人學會看見東西；學習障礙可以治癒；智商可以提升；老化的大腦可以回春；有中風患者學會說話；有腦性麻痺的孩子學會做出順暢的肢體動作；憂鬱症及焦慮症獲得治癒；終身的人格特質可以改變。多吉博士運用這些奇妙的實例探究人的身體、情緒、愛、性、文化及教育的奧祕，寫成動人心弦、啟發人心的著作，徹底改變大家對大腦、人性及人類潛能的看法。

一旦相信人的心態可以改變，我們就有動力去學習心態的語言。

▲第一步：了解定型心態與成長心態，掌握兩者的特徵

讀到本篇以前，你可能對定型心態和成長心態一無所知。在無法稱呼且缺乏基本概念的

情況下，我們自然無法反省及改善心態。

有了名稱與基本概念，就能將抽象的心態具體化，使心態成為能夠被觀察、思考與調整的對象。賦予心態正式名稱並掌握其基本概念，這或許是整個過程中最能賦予人力量的一環。現在的你，已經正式踏上改善心態的道路。

具備基本概念，就能夠辨認兩種心態的特徵，從而認清定型心態或成長心態對自己人生的影響。

以下為定型心態的特徵：

- **重視地位、階級與權力，盡力爭取一切可能掌權的機會。出錯時喜歡找藉口或責怪他人，而非承擔責任。**
- **覺得自己比別人優越，不斷試圖證明自己擁有不凡的智力與天賦。並會因為他人的成功而備感威脅。**
- **以天分有無來評價他人。喜歡向外尋覓頂尖人才，而非培養現職員工。**
- **喜歡以舊有方式執行熟悉的任務，傾向逃避陌生或困難的任務。如果眼前的任務無法輕鬆獲得成功，就會立刻喪失興趣。**

- 喜歡任用唯命是從的人，而非能夠提出不同觀點的人。即使聽到建設性建議，也很容易啟動防衛機制。
- 害怕承認自己有所不知。覺得需要透過勵志書籍或其他管道進行學習，是一件令人感到羞恥的事情。

以下為成長心態的特徵：

- 希望打破地位與階級的藩籬，努力找尋分享權力的機會，出錯時願意承擔責任。
- 因他人的成功而感到振奮。
- 相信人人都有平等的成功機會。若有人不成功，會想著他們缺乏什麼資源，而非他們缺乏什麼天分。重視內部培養人才，而非向外尋覓頂尖人才。
- 喜歡接受新的挑戰、學習新的事物。擁抱挑戰，期待挑戰帶來的學習與成長機會。如果眼前的任務無法輕鬆獲得成功，會更加專注及投入，努力設法達成。
- 想任用可以成為自己的老師、能補足自身弱點的人，願意接受並探詢建設性批評。
- 認為擁有各種自我精進的學習機會，是令人振奮的事情。

▲第二步：認清自身心態

了解兩種心態及其特徵後，將能幫助我們認清自身的既有心態。但對於定型心態根深蒂固的人而言，卻是說起來容易，做起來難。

我想分享最近與一位大學校長的對話。有天清早我接到一封電子郵件，對方邀請我主持一場為大學校務領導階層所開設的領導力發展訓練，參與者包括該校校長及八位副校長，郵件中並表示他們希望能夠安排進行自我評估。我想他們指的應該是我所開發的心態測驗，於是回信詢問詳細資訊，並附上心態測驗相關資料。

幾個小時後，校長親自來電。她說想請我主持團隊建立訓練，但不需要談心態，因為大家「都很清楚定型心態與成長心態是怎麼回事」。但接下來出現一個有趣的信號，她提到定型心態與成長心態各有其優缺點，顯示她並不如自己所稱的那樣了解這兩種心態。

於是我問她為何想進行團隊建立訓練。這位校長告訴我這所大學正經歷一段非常艱困的時期，並說明學校所面臨的一些問題，例如：

- **諸多大環境因素導致申請入學人數下滑。**

- 三位新加入的高階主管讓領導團隊有些不安。
- 近期發生一些內部人員檢舉學校的案件。
- 教職員聯合投訴行政部門。

由於這些問題的出現，領導階層感覺自己到處在滅火。她想舉辦一場訓練課程，建構團隊韌性，在混亂中培養正向體驗。

我問她：「團隊相處情況如何？是否合作良好？」

「是的，」她回應道：「這是我任職十三年來遇過最好的領導階層。」

我感到有些困惑，於是稍微確認一下情況：「你的大學似乎面臨許多和心態有關的問題，但你不想解決這些問題，而是想為你認為合作良好的團隊舉辦訓練？」

後來，由於我們雙方的認知顯然有很大的差異，於是通話就這樣草草結束。但我仍暗示她的團隊真正需要的可能是領導力及心態培養課程，但她似乎不喜歡我的暗示，所以掛電話前突然來了一記回馬槍：「我的助理說你的報價不合理。」聽到這個回應，我不由得暗自竊笑，因為我的報價幾乎是平常的一半，而對方是全美國學費最昂貴的大學之一。

校長自稱「很清楚」定型心態與成長心態是怎麼回事，卻不清楚自己正因定型心態而選擇逃避問題，不願接受來自大學內部或我的善意回饋。我不禁好奇，她之所以認為現在的團隊是任內最佳團隊，是不是因為成員都是些唯命是從的人，將她供在神壇上並完全順從她的強制型領導？

如果對現有心態及其影響沒有準確的理解，就會缺乏改善心態的動機。了解定型心態及成長心態的分別後，我們可以透過三個方法更深入的認清自身心態。

❶ **內觀自省**。思考自己對於展現個人的良好形象有多重視，希望向他人證明自己擁有才華、能力及智力。請誠實的回顧自己在過去人生中是否出現上述表徵。

❷ **做心態測驗**。如果你還沒完成先前介紹的心態測驗，請現在完成。本測驗能評估定型心態與成長心態的強度，並與數千名受試樣本作比較。

❸ **詢問身邊的人**。這個方法可能最為困難，但也最有助於認清自身心態。請詢問身邊的親友或同事，問問他們認為你具有定型心態還是成長心態，了解從他們的眼中如何看待你的行為模式，以及你的行為對他們的影響。

▲第三步：設定目標，找到方向

目前的心態就是起始點。了解自身心態後，請思考你希望培養什麼樣的心態，並以此為目標。掌握起始點及目標，就能找到改進心態的方向。

接下來就是促成改變的關鍵所在，你必須透過實際行動來改變神經迴路。反覆增強與心態有關的迴路至關重要，學用外語從一數到十需要反覆刻意練習，改變心態亦是如此。改變之初必定遭遇困難。遇到挑戰時，我們的大腦很容易立即啟動與定型心態有關的神經迴路。因此，當我們面對問題時必須放緩、明察、審慎因應，而非匆匆反應。

研究顯示，改善心態的最佳方式是冥想。幾年前的我從不冥想，覺得冥想是種詭異的嬉皮玩意兒，但研究心態背後的神經科學後，我發現冥想的效益受到大量研究支持。研究發現冥想能產生諸多益處，例如：

- **減少心智游移。**
- **有助於集中注意力，抵抗分神的事物。**

- 減少處理分心事物所需的注意力。
- 改善對新資訊的處理與因應。
- 提升創意，強化擴散型及聚斂型思考，培養問題處理能力。
- 有助於面對負面壓力的來源並應對壓力。
- 有助於正面應對目標及建設性回饋。
- 縮短負面情緒消散所需的時間。
- 有助於與工作之間保持健康的心理距離。
- 有助於處理資訊，理性處事。
- 有助於建立有效的人際關係。
- 有助於提升溝通品質（多傾聽、多覺察、少論斷）。
- 有助於提升同理心、同情心及尊重心。
- 有助於提升處理衝突及化解衝突的能力。
- 有助於準確判斷脈絡，避免內心偏見扭曲事實。
- 有助於建立更安全的心理環境。
- 有助於展現真我、樂觀處世。

- 有助於提升韌性，應對逆境、衝突及失敗。
- 有助於安然應對改變。
- 有助於刻意面對工作。
- 有助於提升自主動機（有動力從事重要、受重視或愉快的活動）。
- 有助於提升工作表現。
- 有助於增加符合倫理與社會性行為，減少偏差行為。

冥想就是騰出時間，完全專注當下，覺察自我，透過專注呼吸匯聚所有意念。最重要的是：意念出現游移時，必須覺察到意念已經游移，並重新專注呼吸。冥想的重點在於反覆出入當下意識，從而訓練大腦克制天性，避免仰賴啟動速度快的負向心態神經迴路，多加動用啟動速度慢的正向心態神經迴路。

單憑冥想可能不足以轉變心態，但可以作為一種輔助。

請透過以下四個練習，把心態從定型心態轉變為成長心態。唯有長期的反覆練習，才能轉變心態，所以我建議你每日交替進行這些練習。大約一個月後，正向心態的培養就會上軌道。

❶ **寫日記**。寫下重蹈覆徹的經驗，意即失敗後沒有從中學習，導致再次失敗。寫下單次失敗的經驗，意即失敗後從中學習。寫下人生中面對挑戰並獲得成功的經驗，向自己證明：既然之前辦得到，現在自然也可以辦得到。

❷ **深入了解定型心態與成長心態**。推薦閱讀杜維克寫的《心態致勝》，以及珍．辛塞羅（Jen Sincero）寫的《相信自己很棒》（*You are a Badass*）。你也可以在網路上找尋相關的文章，或閱讀我的部落格。

❸ **欣賞成長心態類型的影片**。想培養什麼心態，就該觀看倡導該類心態的影片。愛德華多．布里塞諾（Eduardo Briceño）曾在兩場優質TEDx演講中探討相關議題，而艾米．普蒂（Amy Purdy）的演講〈超越極限〉（Living beyond Limits）也值得推薦。欣賞克服逆境、征服挑戰的電影，例如《洛基》（*Rocky*）、《豪情好傢伙》（*Rudy*）、《衝鋒陷陣》（*Remember the Titans*）、《十月的天空》（*October Sky*）及《關鍵少數》（*Hidden Figures*）。天生缺少四肢的力克．胡哲（Nick Vujicic），在YouTube上有許多優質的勵志演說。

❹ **參與小組討論，談談定型心態與成長心態**。自己、家人或同事的人生中，近期是否出現這些心態？這些心態導致什麼樣的結果？討論過程中，請盡量與大家分享你對各種心態的了解。根據我的經驗，教授就是最有效的學習方式。

▲第四步：摒棄既有心態

透過以上三步驟，轉變心態並非難事。但接下來必須要有計畫的進行，而這就是最大的難處，原因有二。第一，我們必須培養新的習慣。第二，執行過程可能令人害怕。

我們之所以會感到害怕，是因為我們習慣以特定的方式看世界，並把自己看待世界的方式視為重要的自我認同。因此，有些人會覺得轉變心態等同自我背叛。

第一章我們曾談到的艾倫和艾科卡，便屬於「要不聽我的，要不你就滾蛋」類型的主管。他們領導風格背後的動機就是展現形象。這種自我感覺良好、自我中心的觀點已經成為他們自我認同的一部分。他們可能認為改變觀點就是背叛自我、軟弱無力與承認失敗。但事實並非如此，改變觀點不是自我背叛，反而是自我精進。

的確，以新觀點看世界的提案充滿不確定性，甚至令人害怕。假設有位成人終其一生滴酒不沾，但現在正考慮是否飲酒。他可能會害怕摒棄原本對飲酒的態度。因為他不確定飲酒對自己的當下影響（例如：是否會失去控制？）、短期影響（例如：明早是否會宿醉？）及長遠影響（例如：若開始飲酒，人生會如何改變？），這種不確定性可能令人害怕。改進心態時，我們亦會產生類似的感覺。

有些方法可以克服這種恐懼：

❶ **觀摩別人改進心態的歷程**。杜維克在《心態致勝》裡談到諸多實例。有位名叫東尼的學生了解定型心態與成長心態後，改變了內心的獨白，從原本的「我天資聰穎，毋須念書，毋須睡覺，我最厲害」，變成「毋須在乎聰明與否，也毋須逃避失敗，這只會自毀前程。要念書，睡覺，過生活。」

❷ **取得微小的進展**。你是否想學習什麼不需要花費過多心力的技能？如果你想學習烘焙蛋糕，那就觀看YouTube影片，連續兩個月每週末都練習烤製一份蛋糕。最後，你會發現培養新技能沒有預想的那麼困難。喬許．考夫曼（Josh Kaufman）在著作《學得快才會想學！黃金20小時學習法》（*The First 20 Hours: How to Learn Anything...Fast*）中談到一則驚人的事實：嘗試新事物或許很困難，「但人類大腦有能力以極快的速度學會新技能。若堅持不懈，以聰明的方法練習，人必能在短期內大幅進步……通常，大約二十小時的刻意練習就能達成目標。」

❸ **進行正向的自我對話**。運動心理學家團隊曾主持一場大型實驗，邀請四萬四千多名受試者，測試三種激勵方式哪種最有效，包括：自我對話（告訴自己：「我可以做得更

好」）、想像（想像自己做得更好）以及「若則」計畫法（例如：「若開始自我懷疑，則提醒自己我不缺技能」）。研究結果顯示，自我對話對人的努力和表現能發揮最為正向的效益。

以下再提供幾個透過自我對話培養成長心態的小提醒：

- □與其說自己做不到，不如在前面加上一個「還」字。例如：別說「我不會烤蛋糕」，而是應該說「我還不會烤蛋糕」。
- □以「正在學習」取代「失敗」或「陷入困境」。
- □別想「這很困難」或「我辦不到」，而應該想：「只要繼續努力，總能有所進步」。
- □天才不單來自天分，更是來自努力。
- □接受批評不代表自己失敗，應視批評為學習成長的機會。
- □挑戰就像舉重訓練，阻力只會使你更為強壯，更有能力面對未來的挑戰。
- □學習新技能所需的時間沒預想的那麼長（定型心態者經常高估學習新技能所需的時間，導致他們很容易就氣餒）。

我也是這樣跟自己對話的。身為學者，我必須在頂尖學術期刊發表論文，但這些期刊的接受率約為一〇%。投稿失敗實屬常態，但被拒絕時還是會很難過。我投了一篇自認為很棒的論文卻被拒絕，於是我的大腦會發出定型心態的訊息：「你不是優秀學者」、「你不夠資格發表論文」、「放棄這篇論文吧！繼續投稿下去很可能也只會繼續被拒絕」。

幸好我明白定型心態的特徵，能以各種方法反制這些本能感受。首先，我告訴自己這是學習、成長、改進論文的機會。其次，我提醒自己，當初博士論文也是被五家學術期刊狠狠拒絕，直到投稿到第六家才被接受，結果一年後我收到通知，我的論文獲得該期刊的年度最佳論文獎。

進行自我對話後，我不再氣餒與絕望，而是以正面的態度看待挫折，期待改進論文並投稿更多期刊。

切記：培養成長心態極可能是獲取成功的最大關鍵，希望你能刻意的、有計畫的培養成長心態，藉此改進思考、學習和行動，從而使人生、工作及領導更為成功。

第三篇

開放心態

第 9 章

發現開放心態

學習和進步的速度，
取決於你是否願意看見新想法的優點，
即便直覺上你不喜歡這些想法。
愈是不喜歡的想法，
可能對你幫助愈大。

夏恩・派瑞許 Shane Parrish

達利歐是橋水基金的創辦人。在他的領導下，橋水基金成為全球規模最大的避險基金（資產管理規模達一千六百億美元），曾創下避險基金史上投資報酬率最高的紀錄。二〇一六年，《財星》雜誌將橋水基金評為全美第五重要的民間企業。

橋水公司成功的祕訣為何？

達利歐在《原則：生活和工作》裡揭露的成功祕訣，就是他所謂「極度開放的態度」。達利歐認為，極度開放就是不斷尋求極度真實與極度透明。他的團隊認真落實這項原則，他們將所有會議以錄影的方式記錄下來，並為全體員工製作「棒球卡」，記錄每位員工的人格特質，以提升決策效能。此外，他們還建立一套系統，讓員工即時互評可信度，以提升回饋品質，並促進個人發展。這樣的組織文化甚至允許基層員工向高層提出建設性批評，藉此改善組織運作。

有天會議結束後，達利歐接獲一封基層員工的電子郵件：

> **瑞，你今天在會議上的表現只有D^-，而且與會者都同意你只能得到這個分數**（加減半級）**。你的表現很令人失望，原因有二：一、在之前討論相同主題的會議中，你表現得都很出色；二、我們昨天在會前會中，請你緊扣文化與建構投資組合兩個議**

題發言，因為開會時間只有兩個小時，你先講這兩個主題，接著由我講投資流程，由葛雷格負責講研判，蘭道負責講交易實行。但今天的會議上你卻講了六十二分鐘（我有計時），更糟的是，其中五十分鐘都在講建構投資組合的議題，而文化的議題只講了十二分鐘。大家都看得出來你沒有做好準備，如果你有準備，就不可能表現得那麼雜亂無章。

收到這樣的電子郵件，你會做何反應？達利歐是這麼做的：他把這封電子郵件轉寄給全體員工，感謝員工直接提出回饋來促成他改進，並再次強調：組織各層級的極度真實、極度透明與極度開放，是組織進步與改善的關鍵。如今，達利歐仍致力於保持開放的態度，並為橋水基金建立開放的組織文化，但過去的他可不是如此。

▲從封閉到開放的歷程

達利歐於一九七五年創辦橋水基金，一九八〇年前便成為投資界備受敬重的人物。他深諳各類原物料市場（穀物、牲畜、肉類等）而受麥當勞聘為顧問。在他的建議下，麥當勞開發出有史以來最成功的速食產品：麥克雞塊。

一九七九年至一九八一年間，達利歐和橋水基金度過市場有史以來波動最大的時期。一九八一年，經濟問題嚴重惡化，通膨率飆過一〇％，但經濟活動持續放緩，債務成長高於借款人的所得成長。與此同時，美國的銀行大量放貸給新興國家，放貸總額經常高於銀行的營運資本。因此，達利歐在一九八一年三月撰寫一封頗受爭議的信給客戶，信中預測經濟將會陷入嚴重蕭條。文中寫道：「由於債務規模龐大，這波蕭條將與一九三〇年代一樣嚴重，甚至更嚴重。」

一九八二年八月，墨西哥宣布無法按期履行償債義務，其他新興國家亦將跟進。放貸給這些國家的銀行被迫終止貸款業務，這完全符合達利歐十八個月前的預測。

達利歐是少數能準確預測市場動向的人，因而獲得大量關注，他登上電視節目，還列席國會作證。在這些場合中，他信心滿滿的宣告經濟蕭條即將到來，並解釋緣由。他預測發生另一波大蕭條的機率為九五％，若無大蕭條，則必有惡性通貨膨脹。他也根據自己的預測調整投資配置，以防止最惡劣的情況發生。

但這次，達利歐大錯特錯。市場非但沒有崩盤，反而大漲，使一九八〇年代被譽為「咆哮的八〇年代」（roaring eighties），美國經歷開國以來最偉大的無通貨膨脹經濟成長。

達利歐和橋水基金就沒那麼好過。堅信經濟即將崩盤的達利歐以蕭條為前提制定投資策略，使橋水基金嚴重虧損。在付不出薪水的情況下，只好讓員工一個接一個離開，最後連好朋友兼事業夥伴也不得不走。達利歐自己則虧錢虧到把家裡第二台車賣掉後，還必須向父親借四千美元，苦苦支撐妻子及兩名年幼子女的生活。針對這次經驗，達利歐寫道：

我在這段期間的經歷，就像是一次又一次被球棒痛擊。我錯得離譜，而且當初還昭告天下，讓我羞愧到無地自容，也使我在橋水基金打造的一切全都付諸東流。我發現過去的自己根本是個傲慢自大的蠢蛋，對錯誤的觀點自信滿滿……我過於自信，讓情感戰勝理智。回想起當初的傲慢自大，至今仍令我感到震驚與羞愧。

然而，這個失敗正是達利歐的人生轉捩點，改變他最根本的層面：心態。他說他終於明白，若要避免重蹈覆徹，就必須將關注焦點從「我是對的」轉變為「我怎麼知道我是對的」。換句話說，就是從封閉心態轉變為開放心態。

從此以後，達利歐開始重視極度開放的態度，並將此心態融入橋水基金的組織文化。他說：「現在看來，我跌的那一跤是人生中最棒的一件事情，它給予我平衡好勝心所需的謙遜。」這樣的心態轉變正是橋水基金成功的關鍵，讓一九八〇年代初一家瀕臨絕境的一人公司，搖身一變成為全美最大的避險基金公司。

▲開放心態與封閉心態

因為心態的轉變，使得達利歐和橋水公司邁向成功。接下來，我想更進一步探討這個轉變。如先前所述，我們的心態介於正向與負向之間。在封閉與開放心態的光譜上，負向那端是封閉心態，正向那端是開放心態，大家的心態都落在這條光譜上的某處。

每種心態都是由不同目標所驅動。當擁有封閉心態時，我們渴望自己是對的，也渴望別人認為自己是對的。我們認為自己的想法最棒，因而拒絕採納別人的想法和建議。我們重視那些能夠證明自身想法的資訊，並漠視可能否定自身想法的意見。

當擁有開放心態時，我們渴望尋求真理與最佳的思考方式，並且明白目前擁有的資訊並不完整，知道自己的判斷可能出錯。這樣的認知驅使我們保持開放的心胸，願意接納別人的想法與建議以改進現狀，使自己愈來愈接近真理。抱持著這樣的心態，就能讓我們克制自己不斷想證明自己沒錯、展現自己知道一切答案的本能欲望，並能避免可能會限制思考和決策品質的盲點。

▲你的心態偏向封閉還是開放？

在心態的光譜上，你的心態是偏向封閉還是開放？派瑞許曾在部落格上寫道：「當你得意洋洋的在胸前貼上『開放心態』標籤前，請先認清以下事實：封閉心態者從來不會認為自己屬於封閉心態。他們以為的開放心態，其實是個危險的東西。」

你的情況我不知道，但我對這段話有著切身的體會。如果我們回到十年前，你問當時的我「是否擁有開放心態」，我會大聲回答：「是！」。但現在看來，那時的我根本是個封閉心態的人。

封閉心態者很難看出如何讓自己更加開放。當我們自認心胸開放，就難以評估自身心態的開放程度。這就是為何有些人在「個人心態測驗」裡的得分遠高於中間值（中間值為四分，有些人平均得四．九分），但測驗結果卻偏向封閉心態。人們往往會盡量避免選擇那些指向封閉心態的選項，所以重點不在測驗的原始分數，而是在相對排名。

▲開放心態者與封閉心態者的特質

封閉心態者與開放心態者之間可說是天差地別。封閉心態者做領導者時喜歡給答案，不喜歡提問題或徵求回饋。開放心態者做領導者時喜歡提出問題，並持續徵求新資訊及多元觀點，以謀求自我精進、改進自身立場，也希望讓身邊的人一同成長。

政治立場相反的人針砭政事時，開放心態和封閉心態表露無遺。開放心態者願意接受與自身立場相左的想法，並將其與自身觀點及思想做比較。封閉心態者不願意了解他人的立場，也不願意將其與自身觀點及思想做比較，而且往往認定自己的想法較為優越。前者著重獲得最佳的觀點，後者著重表達自認為最好的觀點。

有趣的是，南加州大學的學者曾研究政治封閉心態背後的腦神經原理。他們運用磁振造影（MRI）發現：政治立場強硬的人聽到反方的論點時，大腦就會關機，以保護自我認同；有政治立場但立場並不強硬的人，則較能接受自己不贊同的論點。

兩種心態的差異不僅於此。為了更有效的評估自身心態，請你試著思考以下差異：

封閉心態者	開放心態者
固執且無理的堅持自身觀點	明白自身觀點有可能錯誤
喜歡聽支持自身想法和意見的論點	尋求反對自身想法和意見的論點
著重驗證自身觀點	害怕錯失重要的觀點
急於論斷	願意暫時克制論斷之心，審慎評估不同觀點
以自以為最佳的方式領導別人，拒絕尋覓不同的觀點	尋求不同觀點，以求最準確的觀點看待自我、他人及處境
自認擁有最佳解答	明白自己擁有的資訊很可能不完整
喜歡給答案	喜歡問問題
喜歡做假設，並堅持假設	喜歡問問題，以檢視自身假設是否正確
拒絕理解他人想法，與其他人看事情的觀點脫節	試著理解他人想法，希望認識他人看事情的觀點
想聽到別人說自己的做法正確	想知道自己或他人的做法是否錯誤或造成阻礙
規避批評，受到批評時會啟動防衛機制或找藉口	善納批評，從中學習而非啟動防衛機制
不主動尋求回饋	主動尋求回饋
會藉由爭執來證明自己正確	會藉由爭執探求真理
認為判斷正確者為贏家，判斷錯誤者為輸家	認為決策正確者為贏家（即使得改變判斷），決策錯誤者為輸家
不容想法遭受質疑，若遭受質疑就會不爽	願意讓想法接受質疑，若遭受質疑，就會興起好奇心
視意見分歧為威脅	視意見分歧為學習機會
不讓別人發言，不鼓勵別人表達想法	通常喜歡聆聽勝於發言，並鼓勵別人表達想法
心中無法同時容納兩種相反的想法、觀點或概念	心中可以同時容納兩種相反的想法、觀點或概念，並思考與評估各自的長處
通常不喜歡與學識比自己淵博的人相處	喜歡與學識比自己淵博的人相處

評估自身心態開放程度時，請將以下我的研究發現銘記在心：

- **評估自身心態時，人們往往會高估開放心態的次數，低估封閉心態的次數。**
- **評估他人心態時，人們通常會高估封閉心態的次數，低估開放心態的次數。**

你可能會承認自己有時具有封閉心態，但你仍會馬上想到自己也有許多開放心態的時候，從而高估自己心態的開放程度。因此，即使你認為自己只有少數時候展現封閉心態，這些時候已經足以令別人認定你屬於封閉心態。

切記，我們的同事、家人，以及與我們打交道的人都期望我們屬於右頁表格中右邊的那種人（開放心態）。當我們稍微不符合期望（封閉心態），哪怕只有短暫片刻，就會影響別人對我們及我們周遭文化的看法。因此，無論我們自認心態有多開放，我們的同事、人脈及朋友仍然可能認為我們的心態不夠開放，也希望我們的心態能更開放。

▲封閉心態的成因

既然開放心態如此有益，為何人們一開始總是先養成封閉心態？主要的原因有兩個，而且兩者可能彼此相互影響。

❶ **我們的自我意識**。每個人的內心都想要受人重視，都想發揮影響力，也都想保護自己、以及目前所擁有的階級與地位。這是人之常情，而且通常是有益的。不幸的是，我們的自我意識不斷告訴我們，若想變得有價值、有影響力，就要表現得比別人更厲害、能力比別人更優越。在自我意識的作祟下，我們因為提供答案而感到優越，因為採納建議或向人請教而感到自卑。即使我們對於議題一無所知，仍然覺得自己已經擁有足以提供答案的知識，完全不需要向人請教。我們的自我意識希望我們相信，開放心態是弱者的表現，不斷把我們拉往封閉心態的方向。

❷ **封閉心態的效率比較高**（**至少許多人這樣認為**）。蒐集資訊得耗費許多時間，而且可能拖慢決策過程，所以人們很容易將封閉心態合理化，為節省時間而直接做出決策。然而追求決策速度的當下，同時可能會犧牲決策品質，並且長期看來會造成負面影

響。舉例來說，拒絕考量某人提出的想法，確實可以讓團隊快速展開行動，卻會使提出想法的人心灰意冷，不再積極提供意見，從而損害團隊的長期效率及效能。儘管自我意識不斷作祟下，組織決策的速度及效率十分誘人，但請務必記得：成功的關鍵有時並非來自於當下對我們最有利的選項。成功的關鍵往往在於準確性、明晰性、真實性的追求，如此一來，才讓我們最終得以找出最佳解答、做出最佳決策。

▲立場堅定，態度柔軟

你可能會懷疑，我是不是想叫你當個好說話的人，永遠不要有自己的立場。絕非如此。所謂的開放心態，並不是壓抑自己想法或盲目接受別人的意見。開放心態完全不影響我們擁有堅定立場，只是在看待別人意見時需要更加柔軟。即使已經清楚表明自己的立場，但我們明白自己也可能有所不知，因此願意抱持開放的態度去理解別人的想法。

這不正是謙遜的態度嗎？真正的謙遜之人願意認真看待別人的觀點和想法，不會因為對方位階或知識水準而有所不同。他們對自己有高度的自尊與自信，遇到不同觀點時，不會覺得自我認同受威脅而啟動防衛機制，無論別人的觀點為何，都能予以尊重。謙遜是一種健康、正向又討喜的個人力量，這樣的特質正是由開放心態所驅動。誠如達利歐所說的：

你可能和我一樣，其實並不清楚所有需要知道的事情，認清這個事實是明智的。如果你能抱持開放心態，理性找出對自己最有益的行為，並能鼓起勇氣去做，就能善用生命，創造最大價值。如果做不到這一點，你應該仔細思考原因為何，因為這很可能是阻擋你實現人生夢想的最大障礙。

第 10 章

開放心態對思考、學習和行動的影響

隨時對改變抱持開放心態。

歡迎它、接納它。

唯有一再反覆的檢驗自身想法和觀念，

才能獲得進步。

戴爾・卡內基 Dale Carnegie

一八四〇年代，維也納的醫院爆發嚴重的產褥熱，有一五％的產婦於產後死亡。在疫情最嚴重時，有高達三分之一在醫院生產的產婦在生產時及產後不幸死亡，死亡率足足是由產婆接生的產婦的三倍！

面對這個詭異的現象，匈牙利醫師伊格納茲・塞麥爾維斯（Ignaz Semmelweis）提出一個假說。他發現，助產的醫師和醫學生檢查完昨日死亡的產婦遺體後，就直接進入產房助產。雖然當時的人還不知道細菌和病毒的存在，但塞麥爾維斯認為，醫師的雙手可能帶有某種「致病之毒」。因此他指示學生進入產房前，務必要用含氯消毒液清洗雙手。結果驚為天人，產婦死亡率大減，許多性命受到挽救。不幸的是，許多醫師卻不領情，紛紛拒絕採信塞麥爾維斯提出的證據，還叫他滾一邊去。

塞麥爾維斯的建議能讓他們成為更好的醫師，能拯救數以百計的人命，而且事實就擺在眼前。這簡直是送分題吧？可惜的是，那些醫師抱持著封閉心態，拒絕接受任何改變。為什麼？答案就在於他們的自我意識。

因為醫師如果接受這項簡單的救命建議，就等於承認自己是造成許多產婦死亡的兇手。這完全違背醫師們一向以來自認是醫學的專家、救人的妙手，一旦接受這令人心痛的真相，將摧毀他們長久以來的自我認同。因此，為了要證明自己是正確的，這群醫師因而罔顧探求科學真理的初衷。

事實上，這個例子絕非個案。世界上許多偉大的突破，同樣會受到當時某些人的頑強反抗，這種反抗對於當事人乃至全世界，不僅阻礙發展，甚至可能造成危害，其根源就是封閉心態。

達利歐在《原則：生活和工作》中，不僅解釋為何橋水基金支持並提倡極度開放心態，還清楚列出封閉心態可能帶來的後果：

- **錯失別人提出的良好機會，無法察覺別人警示的嚴重威脅。**
- **封鎖建設性或甚至足以挽救性命的批評。**
- **頑固的拒絕學習讓自己更好的事情，從而導致失敗。**
- **無法客觀看待自身情況，無法比較自身觀念與他人的差異，導致無法改正錯誤的觀念。**

看看這些後果，這種人的思考、學習和行動可能成功嗎？當然不可能。達利歐總結道：

抱持錯誤的觀點並據此做出錯誤的決策，無法仔細考量不同意見，就是人生最大的

悲劇之一。如果能夠考量不同意見，就能大幅改善公共政策、政治、醫學、科學、公益事業、人際關係等各個領域的決策。

在下節中，我們將深入探討封閉心態與開放心態對思考、學習和行動的影響。

▲心態開放影響決策品質

電影《關鍵少數》（*Hidden Figures*）改編自真實故事，講述美國太空總署內，三名優秀非裔女性的故事。她們的才智促成人類史上最偉大的行動之一：送太空人約翰．葛倫（John Glenn）上地球軌道。每位主角在署內都有不同的職責。

凱薩琳．強森（Katherine Johnson）是名數學家，隸屬的團隊負責計算火箭及太空人的發射窗期、發射軌道和返回路徑。她因三項因素而特別受到關注：才華、性別與膚色。

凱薩琳的直屬主管名叫保羅．史塔佛（Paul Stafford），這個角色是許多與凱薩琳共事工程師的綜合化身。在電影裡，保羅限制凱薩琳取得重要資訊與訪問權限，不讓她參加重要會議，只因為她既是女性又是黑人。儘管處處受限，凱薩琳仍找到方法脫穎而出，證明自己是署內的頂尖人才。

保羅的上司艾爾・哈里遜（Al Harrison）是一位熱愛太空任務的團隊主管。艾爾看見凱薩琳為團隊帶來的價值，也注意到保羅對凱薩琳的刁難。

有一幕，艾爾發現保羅和凱薩琳正針鋒相對的爭論著：

艾　爾：保羅，怎麼回事？

凱薩琳：哈里遜先生，我想參加今天的簡報。

艾　爾：為什麼？

凱薩琳：數據改變得很快，座艙設計也會變、重量和著陸區每天都在改變。等你們開完會，本來算好的又要重算。葛倫上校還有幾週就要升空了，我們還沒算出正確的數字。

艾　爾（**對保羅說**）**：**為什麼她不能開會？

保　羅：因為她等級不夠。

凱薩琳：如果我不能盡快拿到數據和資訊，工作就沒有效率。我要一起開會，同步獲得資訊。

保　羅：平民不能參加國防部機密簡報。

凱薩琳：我覺得我是說明計算的最佳人選。

艾　爾：如果我不答應，妳是不會放棄的吧？

凱薩琳：我不會。

保　羅：她是女人，沒有相關規定讓女性參加會議。

艾　爾：聽到了，保羅。但是在這些高牆後面，是誰制定規則？

凱薩琳：是您，您才是長官。只是您得展現長官的魄力。

後來，艾爾對保羅說：「保羅，知道你的工作是什麼嗎？在人才中找到天才，讓我們成功。我們要不一起達到頂峰，要不就全軍覆沒。」他希望引導保羅克服偏見，做對團隊最有利的事情，尤其是要讓凱薩琳在團隊中發揮更大作用，而不是因為性別及膚色而處處限制她。

保羅以封閉心態對待凱薩琳，千方百計壓抑她的能力與聲音，結果不僅讓團隊解決問題的速度受到限制，也讓大空總署的火箭發射計畫受到阻礙。然而，此情此景在我們的工作場所、服務團隊和家庭之中仍不斷上演。我甚至可以大膽猜測，在你所屬的團隊之中，也可能有人因封閉心態而壓抑成員想法的流動、進步的速度，從而限制團隊成功致勝的能力。而且，這個人或許就是你！

那些扮演這種阻礙團隊成功角色的人（例如保羅），總覺得自己的心態完全沒問題。說好聽點是他們崇尚穩定，說難聽點是他們害怕改變，害怕一切與他們不同的人、事、物。他們認為自己只是立場堅定，但立場堅定並不一定非得用強硬態度拒絕接受新資訊、過早否定別人意見，或是在接獲新想法時拒絕改變觀念。

切記，開放心態的意義在於立場堅定而態度柔軟。態度柔軟的人更願意接受新資訊，不急於駁斥別人的意見，並願意根據新想法來調整我們的心態

就這兩種人而言，你認為何者的思考、決策及學習更為優質？何者更為靈敏、更願意因應千變萬化的市場？何者更能跟上變遷的速度？何者將被拋在後頭？

如果你還是不相信開放心態對思考與學習的重要，我還有更多證據。許多研究已證實，開放心態者處事及決策時較為公正、較少偏頗，而且更為精準。我們來看看兩個案例：

❶ 請回想過去所面對的抉擇。下決定後，你是如何看當時沒被你選中的那些選項？艾迪・哈蒙－瓊斯（Eddie Harmon-Jones）及辛蒂・哈蒙－瓊斯（Cindy Harmon-Jones）的研究發現，封閉心態者通常會負面看待沒被選中的選項。在選擇過程中，他們可能會在

幾個選項間猶豫良久，然而一旦下了決定，就會立即採取極端立場，認定自己選擇的選項優於其他選項。封閉心態者似乎傾向避免陷入抉擇後的衝突感；相反的，開放心態者對決策過程的看法就比較符合實際情況。總之，封閉心態者自己做出決策的價值常有偏見，所以很容易就堅持走錯的路。

❷許多研究證明，開放心態者成功時較能準確判斷自己的真實貢獻。根據我們先前的觀察，艾科卡顯然具有封閉心態。他自詡為克萊斯勒的救主，認為克萊斯勒成功的關鍵就是自己，而非市場情勢。但其實克萊斯勒在他任職執行長前半期之所以表現優異是基於多項因素，艾科卡的貢獻不過是其中一小部分。開放心態者通常能認清一件事情的成功不只是他們的功勞。基於這類研究，學者認為封閉心態者較容易自視甚高，無法準確判斷成功機率，從而導致嚴重的災難。

總結來說，研究證據顯示：如果我們抱持開放心態，承認自己可能有所不知、承認自己的答案可能有錯，承認別人可能有更好的想法，就能提升決策的品質，增強解決問題的效能。試想塞麥爾維斯的同事要是及早採納他的建議，將能挽救多少條人命？達利歐為這個觀念做出絕佳的總結：「人的心態愈開放，就愈不會被自己所欺騙。」

▲心態與行動要一致

開放心態能提升思考與學習的品質，但在行為層面上則有需要權衡之處。

當我們相信自己可能犯錯，並希望確保能以最佳方式思考時，就會敞開心扉去探索各種方案及新資訊，誠如你所想的那樣，這樣做通常得花上很多時間。相反的，當我們相信自己一定是正確的，而且早已掌握最佳解決方案，我們自然不會多花時間去探索不同方案，也不會再三確認自己的思考和決策是否正確，而是立即展開行動、堅決實現自己的想法。因此，人們似乎總得在「確保方向正確」和「盡快採取行動」之間做出抉擇。

然而，如果因此以為只能二者擇一，我認為這樣的想法恐怕無助於事。大衛．戈金斯（David Goggins）就是很好的例子。戈金斯在自傳《傷不到我：掌控自我心智，克服艱難逆境》（*Can't Hurt Me*）中，訴說他那令人難以置信的人生故事：從受虐又失學的兒童，到被退訓的美國空軍傘兵，到體重超過一百三十公斤的除蟲工人，到身材精壯並三次通過地獄週考驗的美國海軍海豹突擊隊隊員，再到美國陸軍遊騎兵，最終成為極限跑者和三鐵運動員。

這本書精彩呈現一個人如何透過改變心態，讓自己變得更成功的歷程。但這並不意味著他所有的心態都能得到改善。戈金斯成功改變心態，讓他從渾渾噩噩的除蟲工人蛻變為目標明確的海豹部隊精英，這時的他彷彿心之所向，無所不能；但在此同時，他也陷入更為根深蒂固的封閉心態。

當他試圖爭取進入美國最頂尖反恐單位「海豹六隊」時，心態問題顯然成為他職涯發展的阻礙。海豹部隊隊員必須服役滿五年，才有資格受邀參加海豹六隊的選拔測驗。進入海豹部隊後，戈金斯就以通過海豹六隊選拔為目標，在生活各層面嚴格鞭策自己。部隊操練期間，他總是盡其最大努力；夜間或週末休假時，他則是努力複習學科及鍛鍊體能。然而，他瞧不起其他隊員，因為他們不僅白天不如他努力，晚上和週末更是把時間浪費在社交互動上。他自詡為「精英中的精英」，放任與其他隊員間的鴻溝日益擴大。

指揮官建議他加緊努力以融入團隊，因為精進個人戰技固然值得嘉許，但贏得隊友信任也同樣重要，畢竟他隨時要和隊友一同派赴戰場執行任務。指揮官特別強調，他的自我孤立的行為已經嚴重阻礙隊團隊信任的建立。但戈金斯覺得自己才是對的，完全聽不進指揮官的建議。最後，他因為團隊合作能力不佳而沒有被受邀參加選拔，導致職涯發展受挫。

平心而論，封閉心態使他能以堅定不移的意志力達成各項壯舉，成為名副其實的「精英中的精英」。然而在此同時，封閉心態也阻礙他採取達成重要目標所需的行動。

事實上，人可以一邊尋求最佳解決方案，一邊同步採取有紀律、有目標的行動。戈金斯只要稍微妥協，採取與隊友建立信任所需的作為，那麼他就很可能會受邀參加海豹六隊選拔，盡情展現他苦練而成的卓越戰技。

▲心態影響評估

整體來看，上述各層面的影響是如何彼此交織並影響我們的人生？讓我們來看看先前提到的艾倫和達利歐面臨相似組織問題時，會採取多麼截然不同的處理方式。

艾倫曾聘用譚雅為銷售代表，負責銷售艾倫等講師的訓練課程。譚雅到職時，辦公室裡其他員工業務繁重、分身乏術，所以艾倫指派譚雅協助庶務與行政方面的工作。其他員工愈來愈依賴譚雅，不斷把工作丟給她，導致她沒時間從事銷售工作。艾倫起初並不完全知情，不過他因員工效率有所提升而感到滿意。但一陣子過後，他發現譚雅的銷售業績掛零，於是開始不滿譚雅沒有善盡本分，認真考慮要開除譚雅。

艾倫向我說明開除譚雅的想法，並尋問我的建議。我稍微了解情況後告訴艾倫，譚雅的銷售業績雖然掛零，但她對組織有許多其他貢獻。我的建議是，如果艾倫希望譚雅提升銷售業績，他就必須改變自己的管理方式，避免譚雅身陷他人業務，並設定明確的銷售業績與表現目標，給予譚雅更多發展性回饋。我認為艾倫應先給譚雅機會證明自己的銷售能力，然後再考慮是否要開除她。

在自我意識與封閉心態的作祟下，艾倫看不清問題的根源不在譚雅，而是自己領導無方。因此，他不但沒有改變管理方式，反而更下定決心要開除譚雅。不久後，因某位員工離職，使行政業務更加仰賴譚雅，艾倫才打消開除譚雅的念頭。

當達利歐面對類似情境時，他會怎麼做，使組織發生正向的轉變？

有一次，橋水基金員工忘記及時把客戶資金投入標的，導正客戶虧損數十萬美元。達利歐表示，如果他是個封閉心態的人，很可能會採取極端措施（例如開除該名員工），殺雞儆猴以建立不容許犯錯的文化。但達利歐卻寫道：「犯錯是常有的事，極端措施只會鼓勵大家隱匿錯誤，因而導致更嚴重的錯誤。我堅信我們必須讓問題與分歧浮上檯面，方能了解改進之道。」

達利歐非但沒懲罰該名員工，還與員工一起開發出一套記錄錯誤的機制。從此以後，交易部門犯的錯誤都會留下紀錄，作為追蹤與改進之用。在開放心態的影響下，達利歐把這次的嚴重錯誤視為學習機會，藉此建立能讓組織持續學習與精進的系統，持續為客戶締造佳績。

第 11 章

用開放心態做出最佳決策

無法改變想法的人，
什麼事情也改變不了。

蕭伯納 George Bernard Shaw

電影《歌喉讚》（*Pitch Perfect*）裡，由女大學生組成的阿卡貝拉合唱團努力爭取全國大學合唱團大賽的冠軍寶座（團員一年前上台還會怯場）。片中有三位主角：歐柏莉（Aubrey）是擁有封閉心態又盛氣凌人的資深團長；貝卡（Beca）是富有創新發想的大一學生，喜歡混合不同類別的音樂，編成有趣的歌曲；克蘿伊（Chloe）則因動過聲帶手術而無法發出高音。

在某個場景中，克蘿伊演唱時高音唱不上去，令大家感到氣餒。於是，他們決定必須選另一個人代替克蘿伊獨唱：

克蘿伊：我想貝卡應該取代我獨唱……

貝　卡：我很樂意獨唱，如果能讓我選新歌編曲的話。

歐柏莉：我們的團不是這樣運作的。

克蘿伊：歐柏莉，貝卡說得也有道理。我們可以做些新的嘗試……（被歐柏莉打斷）

歐柏莉：讓妳唱〈旋轉節拍〉（Turn the Beat Around）妳就唱，其他免談。

貝　卡：那首歌太老掉牙了，不可能贏的。我們可以把不同風格的歌編在一起……（被歐柏莉打斷）

歐柏莉：妳顯然還是不懂，我來解釋給妳聽。我們的目標就是再度進入決賽，這些歌能讓我們達成目的。抱歉我無法採納妳的意見，因為妳也只會拿音樂七拼八湊，又沒真正參加過比賽。我說得夠清楚了嗎？

歐柏莉自詡為經驗豐富的領導者，覺得自己知道如何帶領團隊取得成功。然而封閉心態啟動她的防衛機制，因此嚴厲駁斥貝卡嘗試新事物的建議。歐柏莉希望別人認為她才是正確的，最終導致貝卡離開合唱團。一段時間後，團員們逐漸意識到貝卡的才華對合唱團有很大幫助。於是貝卡回來了，最終合唱團在她的協助下贏得全國大賽冠軍。

雖然《歌喉讚》是個虛構的故事，但類似劇情卻經常在現實生活中上演。例如，有些父母不願傾聽孩子的心聲，而是告訴孩子：「我是你媽！聽我的！」有些人聽到配偶的建設性批評後，不試著看清自己身上的盲點，反而啟動防衛機制。有些主管急於駁斥團隊的想法與建議，以維護自我認同。我不禁好奇，我們因為固執、心態封閉、看不清自己的思考及行為還有許多進步空間，而拒絕過多少能使我們更成功的想法？

心態的開放與封閉會為人生帶來的影響極大，更會左右我們的決策品質。我們必須清楚意識到：成功的關鍵在於決策是否有效。安迪．安德魯斯（Andy Andrews）在《改變：願意看見不同，你的人生就會不同！》（*The Noticer Returns*）中寫道：「無論是員工、主管還是老闆，在事業上任何層面的長遠成敗，主要都取決於決策的品質與精準度。」他指出，若能提升決策品質，就能有好的行動，產生更好的結果，培養更好的名聲，從而提升人生、工作及領導上的成功。

▲人生上的成功

開放心態對人生的成功有諸多正面效益，但其中有兩個層面最為基本：人際關係與決策的品質。

•人際關係的品質

你身邊是否有那種自以為無所不知、無時無刻都想證明自己才是對的、不願意傾聽不同觀點的人？我猜不僅有，而且不只一個。你會喜歡和這樣的人相處嗎？大多數人的答案應該是「不喜歡」。

幸好，完全符合以上描述的人占比甚少。多數封閉心態者的情況沒有那麼嚴重，但他們的心態仍會讓他們顯得難以親近又討厭。

多數封閉心態者深受三種封閉心態所害。值得注意的是，這些人並非時時刻刻都呈現封閉狀態，但即使只是偶一為之，就足以被人們視為封閉心態者。所以我們必須意識到這三種封閉心態，並避免自己落入其中任何一種：

❶ 第一種常見的封閉心態，是當人們自認是領域專家時，往往不願意讓專業知識較少的人提出想法或建議。

❷ 第二種是我所謂的「深思熟慮的人」（conscientious thinkers），這種人做事認真周到、善盡職責、有條不紊，喜歡事先深思熟慮，早早就找到方向或解決方案。他們覺得自己在決策過程中遙遙領先他人，所以認為別人的想法十分落後，常會直接加以否決。

❸ 第三種則是執著於個人或專業成就的人，前一章介紹過的戈金斯即屬此類。經常做出決策的他們，現在專注於決策的執行。進入執行階段後，人們往往會視新的想法為執行上的阻礙。

為什麼人們很容易陷入這些封閉心態之中？只要稍加思考，就會發現一個有趣的規律。三種封閉心態都是根源於兩大障礙：自尊與盲點。封閉心態者想證明自己正確，或至少在他人眼裡顯得正確，這就是自尊。他們自認為已經掌握一切重要的資訊，不承認自己可能沒發現其他構成優質決策的觀點，這就是盲點。

自尊和盲點是開放心態的障礙，也是良好人際關係的障礙。

以我個人經驗為例。我在蓋洛普任職時，奉派參與一項早已展開執行的客戶接觸專案，負責對客戶接觸資料進行深度分析。

專案主管名義上是負責該客戶的合夥人，而實質決策者是這位合夥人的導師，兩人都是首次與我合作。顯然的，兩人都自認是這個領域的專家，由於客戶接觸資料的採集方式是他們設計的，他們已經擬定可能的分析方向。總之，他們完全符合上述三種封閉心態：認真的專家在執行決策。

進行資料分析前，我發現客戶資料有兩種採集方式，一為線上問卷，二為現場問卷。因此，我不只分析全體樣本，更是依資料採集方式進行分析，探究採集方式的不同是否產生顯著的結果差異。

果不其然，線上問卷和現場問卷的結果呈現顯著差異。這讓我深感憂心，因為我們將以這次的分析結果為根據，向客戶提供建議，但現在資料卻呈現出三種不同的結果：線上問卷的結果、現場問卷的結果、綜合的結果。我認為這個問題終將導致雙輸，於是向合夥人及合夥人的導師提出警告，但他們卻不以為然，完全拒絕深入的思考與討論。

與他們的談話結束後，讓我不滿的不是他們的決策，而是自己的意見不受重視。這不僅影響到我對這些領導者的尊重，也影響我未來與他們合作的意願。

這個情境正是封閉心態的溫床，我親眼見證他們的自尊與盲點使得封閉心態更加惡化。第一，由於他們設計的資料採集方式有缺陷，他們若重視我的意見，就等同於被迫承認自己犯錯，而這勢必威脅到他們的自尊。第二，他們都知道我對專案的了解程度不如他們，所以認為自身觀點沒有遺漏任何可能，因而不願意認真看我做的分析，於是不知道每組結果差異甚大。他們的確很了解專案，卻對新的資訊視而不見，渾然不覺自己提供給客戶的建議可能存在缺陷。

身為一個曾受他人封閉心態影響，也曾為自身封閉心態而感到愧疚的人，我發現封閉心態會為人際關係帶來兩個負面影響：其一，未經驗證就回絕別人意見，會讓別人覺得不受重視。其二，這樣做會讓別人不再能夠安心提出想法與建議，因而限制你的人際關係品質。

• 決策的品質

成年人平均每天要做出多少個有意識的決策？一百個、一千個、還是更多？信不信由你，學者估計的數字是三萬五千個，也就是我們平均每分鐘得做出二十個決策。雖然多數決策都是些細微末節的小事，但累積起來的數量竟是如此龐大。

想想自己曾經做出的重大決策，從是否要念大學、念哪間大學、念什麼科系、要做什麼工作、要與誰結婚、要不要生小孩，到要不要接受新的工作邀約，各種大大小小的決策真是不勝枚舉，這些決策至今仍影響著我們的人生甚鉅。思考這些過去的決策時，請想想當時的心態。當時的你抱持的心態，是否令你徵詢他人的意見？你問了誰？問了多少人？這些人是贊同你的想法、提供不同的建議，還是質疑你的想法？當時的你是否抗拒接受別人的想法，心裡想著：「我自己決定就好」？你是否害怕錯失重要的觀點？

現在，請考量最重要的一點：如果當初心態更為開放，你是否會做出更好的決定？

如果你像從前的我一樣，那麼就可能難以想像自己會走上不同的人生道路。然而，有時候我也是糊裡糊塗、不加思索就下決定，反正看到機會就馬上去爭取。這樣的決定有時候最後也會導致好的結果，但我不禁好奇，如果當初我不受封閉心態的影響，我的人生會有什麼不同？會不會更好？會不會更成功？

開放心態使人更願意考量不同選項，詢問更為了解情況的人士，以更有效的方式面對現實，進而做出最佳決策。達利歐在《原則：生活和工作》中寫道：「開放心態的益處甚多……切記，生活的品質主要取決於追求目標時所做的決策。」他亦補充道：「若對自己所知過於自滿，對自身專業過於自信，就會抑制學習，做出差勁的決策，從而無法充分發揮潛能。」

▲工作上的成功

二〇一二年，Google為建構「完美團隊」而啟動亞里斯多德計畫（Project Aristotle），透過大型研究找出績效名列前茅的團隊有什麼特質。Google高層向來認為只要任用最頂尖的人才，就能組成最頂尖的團隊，於是他們深入研究團隊的才華、個性、人際關係、性別及族裔等組成，結果……沒發現任何東西。沒有任何規律。

於是他們重頭開始，檢驗團隊互動、成員關係及工作習慣，藉此研究團隊的獨特文化，包括成員與領導者之間互相打斷的頻率、發言順序，以及平日團隊的慶生活動、如何聊週末活動與八卦、如何認真做事等。該研究持續超過一年，最終的確找到一些規律與結果。他們發現這些平日的互動、關係與習慣正是Google團隊精進的關鍵，但是這個計畫必須找到其中最重要的因素。

在持續性的研究後，終於找出這些團隊表現優良的關鍵因素：安全感。有安全感的團隊裡，成員敢於表達想法與意見、敢於冒險，而且不怕招致不良後果。Google內部績效頂尖的團隊都有這樣的文化與環境，大家敢於表達意見、願意接納他人想法，也很關心其他成員的情感及參與。

既然安全感是績效頂尖的關鍵，那麼安全感的成因為何？安全感的要件之一就是開放心態。面對新的想法及建言，唯有開放心態者才會願意傾聽、願意驗證，無論過程是否具有風險。

迪士尼與皮克斯動畫的艾德．卡特莫爾十分明白這個道理。他知道建立具有開放心態與安全感的文化有多麼重要。他說這種文化便是團隊成功的關鍵，但也明白培養這種文化知易行難。皮克斯與迪士尼的團隊必須解決艱難問題，培養深度合作，才能製作別出心裁、富有創意又大為賣座的動畫片。卡特莫爾深知，團隊必須以開放的態度分享想法、意見與批評，並體認到集體知識與坦率建言有助於團隊做出更好的決策，才能共享榮耀。

值得留意的是，這種開放的文化常受到內部力量與社會力量的阻撓。這些力量出於人的恐懼與自保的本能。以卡特莫爾的話來說，這些恐懼包括「害怕說出傻話，害怕丟臉，害怕冒犯他人，害怕威嚇，害怕報復或遭到報復」。如果組織階級嚴明，組織人數眾多，而且害怕犯錯，就會促使員工尋求自保，進而使這些阻撓力量大幅增強。

皮克斯與迪士尼動畫如何擊退這些有損安全感的阻撓力量，以建立正向的組織文化，促進解決問題與溝通的效能？關鍵在於鼓勵大家坦誠直言。坦誠直言指的是毫無保留說真話。卡特莫爾發現，缺乏坦誠則導致組織失能，他說：「相信我，若大家只敢在走廊上私下議論，不敢在討論基本想法或制定政策的會議裡坦承發言，這種公司你不會想待。」他發現，員工若坦承直言，就能產生神奇的效果。

皮克斯與迪士尼動畫工作室會定期舉行「智囊團會議」（braintrust meetings）以評估動畫片。智囊團會議的概念很簡單：「讓聰明又熱誠的人齊聚一堂，請他們找到問題並解決問題，鼓勵他們相互坦誠直言。」會議中，大家先觀看影片，若無法觀看整部片則看片段，然後組織內部各個主管、導演、編輯及故事總監直接向該影片的導演提出坦誠的建議。參與會議的人都能平等看待他人作品（同時相互尊重），相信大家的目的都是謀求影片的改善，背後沒有私人動機，也不是為了邀功、討好上司或證明自己正確而提出想法。這種環境下，大家踴躍提出優質的發展性回饋，導演也勇於接收回饋，因為他明白：討論影片的目的在於改進，不在批評。

智囊團會議為何如此重要？卡特莫爾說原因是這些動畫片「起初都很爛」：

我不是在自謙或自貶。皮克斯的動畫片起初都不怎麼樣，而我們的工作就是把它們變好……現在那些大家覺得精彩絕倫的動畫片，起初都很爛。許多人無法理解這點，但仔細想想，會說話的玩具，這種動畫片是不是很容易就顯得沒創意、矯情，或在明目張膽販賣商品？老鼠烹飪的動畫片，可以有多討人厭？《瓦力》（WALL-E）前三十九分鐘完全沒有對白，這種安排的風險有多大？我們敢於嘗試這些故事，但不可能初次嘗試就把事情弄對。本來就是如此。創意必有起始點，而我們真切相信補強、坦誠回饋以及迭代的力量，透過修訂、修訂、再修訂，直到為有缺陷的故事找到主軸，或為空洞的角色找到靈魂。

組織裡常有助長封閉心態的因素，但卡特莫爾建立培養開放心態的環境，為皮克斯與迪士尼的動畫奠定成功基礎。

在這樣的環境下，組織內的所有人都擁有充分的安全感，能夠相互交流與對話，有助於產生創意和有效的改變，員工也能表現出以下作為：

□尋求真理，而非證明自己正確。
□尋求最佳選項，而非為自己的想法尋求支持。
□尋求而不逃避他人的回饋。
□徵求新觀點，不避免新觀點。
□視歧見為學習的機會，而非威脅。
□承認自己有可能錯誤，而非證明自己的想法是最好的。

▲領導上的成功

你想追隨怎樣的人？是開放心態、承認自己有可能錯誤、不斷努力尋找最佳想法、願意改變觀點的領導者；還是封閉心態、認為自己永遠不會有錯、千方百計證明自己才是對的、完全不願意傾聽別人想法的領導者？答案顯而易見，我們都喜歡心態謙遜又開放的領導者。換句話說，如果想讓大家願意追隨你，你得先成為這樣的人。

為什麼我們喜歡追隨心態謙遜又開放的領導者？這個問題的答案十分簡單，卻經常被領導者所忽視，答案是：因為我們想追隨那些重視我們的人。當我們的心聲與貢獻受到他人的重視，我們就會感到自己受人重視。

我到蓋洛普任職前就明白這個道理，但蓋洛普讓我獲得實證的機會。蓋洛普運用十二個敘述，為各組織評估員工的投入程度。每則敘述都是以五點量表進行評估，依使用者對敘述的認同程度，分為從「非常不同意」到「非常同意」等五個選項。他們的研究發現，這十二個敘述是反映職場投入度的重要因素，包括：「我明白工作上應達到的期望」、「我過去七天曾受到讚賞」、「我在職場上有好友」等等。

雖然每個因素都很重要，但我很好奇哪一個因素的影響力最大。蓋洛普當然不會公開回答這個問題，但我在分析九家企業、近六萬名員工後，發現非常同意「我的意見在職場上受重視」的員工之中，竟有九五％的人投入工作程度高，這個數字比NBA的灌籃成功率（二〇一七年至二〇一八年的球季為八九．四％）還高。換言之，員工若認為自己的意見在職場上受重視，就會更加積極、專注、全心投入工作之中。

要讓員工強烈認同他們的意見受到重視，往往是說起來容易做起來難。我在第九章提過，多數人都自認為開放心態（實際上卻未必如此），尤其是領導者。當你問任何一位領導階層他是否覺得自己具有開放心態，得到的答案必定為「是」。但蓋洛普的統計發現，全美國大約只有三〇％的員工全心投入工作之中，這可能意味著絕大多數員工不認為自己的意見在職場上受到重視。由此可見，多數主管的心態並非自以為的那麼開放。

這或許其來有自。布萊德貝利和葛麗薇絲在著作《EQ致勝》中提到，組織裡EQ最高的族群是中階主管。隨著位階提升，EQ會急劇下降。領導階層的EQ往往是全組織最低。

在我自身對心態的研究中則探討，為何許多領導者自認開放心態，但追隨者卻不覺得自己的意見受重視。如果你是主管、總監、經理、教師或父母，我的研究結果可能令你大開眼界：主管僅在少數場合中短暫展現封閉心態，就足以令員工視其為封閉心態者。

《今日心理學》（*Psychology Today*）有篇文章談到，正向敘述需要重複十次才能為人所接受，但負向敘述或批評只需三秒就能留下深刻的烙印。即使時間如此短暫，封閉心態也足以讓人對你感到厭惡，覺得你很難相處。

主管因時程壓力而拒絕聆聽建言，就會降低大家往後的發言意願。老師未經驗證就當著全班的面駁斥學生的質疑，學生以後可能就不太敢發表意見。父母若常以「因為我是你媽／

你爸」來駁斥孩子的請求，孩子以後就不太想和父母討論遭遇的困難及心事。

心態必須開放，才能成為大家願意追隨的領導者，對他人發揮有效且正向的影響，建立起能引出大家最好那一面的環境。

▲擁抱開放心態，活出更成功的人生

擁抱開放心態，你將在人生、工作及領導上變得更為成功。承認自己不知道的事情還有很多，就能讓你以開放態度面對新的想法，在人生各方面做出更好的決定。你將能夠建立一個令人感到安全的環境，使成員得以充分發揮潛能，並與其他團隊成員有效合作。當你了解再微小的封閉心態都可能讓追隨者留下負面印象，就會努力創造一個讓追隨者敢於表達意見、覺得自己的意見受重視的環境。

相反的，如果你不願意接受他人的新想法與新觀點、不願意接受不同的意見，你將永遠無法充分發揮自己的潛能。

第 12 章

培養開放心態

誰能擁有開放心態，
誰就能成為尖端技術的領導者。

查爾斯・凱特林 Charles Kettering

我們在本篇中多次討論到達利歐，就是從封閉心態轉為極度開放心態、並因此獲得成功的絕佳案例。一個人為何能有如此巨大轉變？他是這樣解釋的：

我所犯下的慘痛錯誤，讓我的觀念從「我知道我是對的」轉變為「我怎麼知道我是對的」。原本膽大妄為的我開始變得謙遜。我明白自己有可能錯得離譜，並開始好奇其他聰明人士為什麼會以不同的觀點看待事物，這促使我透過他人視角來看世界。與僅僅依賴自己的視角相比，現在的我能夠看到更多不同的可能。我學會如何衡量人們給的意見，從中挑選最佳意見來增進正確判斷的機率。我很享受這樣的過程。

值得慶幸的是，我們不是一定要犯下刺骨銘心的錯誤，才有辦法培養開放心態。

請記得，改變心態的關鍵在於改變大腦神經迴路。改變神經迴路的方法跟學外語沒什麼不同，只是練習的不是用外語從一數到十，而是開放心態。開放心態者接收到與自身觀念相左的資訊時，大腦不會就此關機，而是本能的深入探究其中的差異。這就是我們的練習目標。

為了培養開放心態，我們必須先認清現有的心態，然後不斷刻意練習，反覆強化與開放心態有關的神經迴路。

▲從現有心態中覺醒

想培養開放心態的第一步，是要認清我們的心態並沒有自己想得那麼開放。以下四種方法，能夠幫助我們更清楚認識現有的心態：

●查看「個人心態測驗」結果

在缺乏適當工具或架構的情況下，我們很難以主觀的方式評估自身心態。「個人心態測驗」能將你的心態開放程度與數千位受試者做比較，測驗結果的客觀性遠高於其他評估方式。

●探究自身動機與恐懼，深入了解自身心態

我們先從動機講起。人之所以會積極投入某件事，通常基於三種動機：為求精通、為求表現優異、為避免表現差勁。後兩者與前者屬於不同的動機類型，因為後兩者著重與其他人或某種基準做比較。

以大學生為例，大學生常見的做事動機包括：學習並精通課程內容、取得好成績（例如獲得A）、避免被當掉。以取得好成績和避免被當掉為主要目標的人，往往都是封閉心態者。如果以「表現優異」為目標，人很容易會將新的或不同的想法看成阻礙，甚至認為在想法上有任何妥協就表示自己的表現不如人。如果以「避免表現差勁」為目標，人很容易堅持用過去的方法做事，害怕面對不確定的事物，認為別人提出建議或不同想法就代表自己的表現很失敗。這兩種目標的背後，都是尋求自保的封閉心態，根源於個人內心深層的恐懼。

如果沒有刻意設定目標，人的心態自然容易受恐懼所驅使。以下三種恐懼，常會讓我們在不知不覺中產生只求自保的封閉心態：

❶ **害怕別人認為自己有錯。**

❷ **害怕自己無法取得掌控權。**

❸ **害怕未知。**

每種恐懼都促使我們保護自尊，擔心我們對自己的感覺以及別人對自己的看法。塞麥爾維斯提出能拯救人命的建議，但多數醫生卻拒絕接受。在自我意識的作祟下，我們認為接受他人想法等同承認自己行事無效，承認自己不足，承認自己沒能掌握權力。

上述出於自尊心的恐懼可不是開玩笑，這些都是根深蒂固的恐懼。當人懷有這些恐懼，就會害怕變得軟弱、害怕顯得軟弱。但事實上，心態開放的承認自己有所不知並非軟弱，相反的，唯有強大的人才能做到謙遜的承認自己還有成長空間。

• 觀察與封閉心態有關的跡象

透過顯示劑呈現出牙菌斑的分布，我們就能掌握牙齒的清潔程度。同理，了解並感受與封閉心態有關的跡象，有助於認清自身心態。以下列舉封閉心態的跡象：

- **防衛心、保護心。**
- **別人不同意你的想法，就會感到沮喪。**
- **不願聆聽，匆匆拒絕。**
- **感到受催促或脅迫。**
- **不斷爭論誰對誰錯。**
- **不接納回饋，而是找藉口。**

・認為自己比在場的大家都懂。

・**詢問別人對你的心態有何看法**

詢問時要讓親友或同事有安全感，讓他們願意坦率直言。請認真看待他們的想法，不要駁斥他們對你的觀察，如此便很有可能獲得重要資訊，更加認識自身心態的封閉程度。

▲刻意強化與開放心態有關的神經迴路

如果你希望改變大腦神經迴路，成為一個更具有開放心態的人，以下六個方法可以幫助你達成目標：

・**冥想**

切記，冥想能培養改變心態的能力，使我們更能抑制與本能反應有關的神經迴路，並有意識的以更正向的方式為人處事。

・改變自我對話

自我對話與心態相輔相成。封閉心態者通常會告訴自己：「我懂得很多」、「我才是對的」、「我的觀點很棒」、「關於這個問題，我可是專家」、「他們根本不知道自己在說什麼」、「他們的經驗和我差遠了」。

如果想要培養開放心態，就必須告訴自己：

- □ 我依然有需要學習的空間。
- □ 我有可能是錯的。
- □ 我無法看見所有面向。
- □ 我可能懂很多，但不懂的事情也很多。
- □ 探索不同的想法，才能產生創意。
- □ 任何人都有值得我學習之處。

為了改變你的自我對話，請回想一下：你的人生中有哪些是真正敞開心扉的時刻？當時的你，如何讓自己達到開放心態？是容易還是困難？結果如何？是否為你帶來什麼正向的經驗？又是什麼緣故讓你無法保持開放心態？事實上，當你可以輕鬆的想起那些擁有開放心態的時刻、想起這樣做所帶來的正面效果，你的自我對話就會自然出現改變。

以我為例，當捫心自問這些問題時，我發現自己經常因封閉心態而不願尋求別人的建言或觀點。我告訴自己不應仰賴別人，若仰賴別人，就會成為別人的負擔，在他人眼裡顯得依賴、不明智、不獨立。但回想起來，我實際去尋求別人的建言或觀點時，別人卻鮮少這樣看我，反而讓我能更有效率、更有效能的行事。稍做反思後，我的自我對話就能從「尋求建議糟糕又丟臉」轉變為「尋求建議大有助益」。

想要改善自我對話，請想想培養開放心態能為你帶來的好處：

- **變得更易親近。**
- **提升思考品質。**
- **發揮正向影響。**
- **促進創意與創新。**

- **創造友善宜人的生活與工作環境。**

如果你願意一次又一次持續改進自我對話，就能強化與開放心態有關的神經迴路。

• 改變水缸大小

試著想像一個水缸。水缸代表關於某個主題的一切資訊，水缸裡的水位則代表你目前知道的資訊量。

請挑選一個主題。從熟稔的主題開始。思考一下：你的水缸有多滿？

封閉心態者會認為水缸已滿，注水則會溢出，因此無法容納新資訊。

想要培養開放心態，改變自我對話，就要提升水缸裡的空間以容納新資訊。因此，我們必須降低想像中的水位，或體認到水缸的體積可能比想像中的大。

從「水位已滿」（我無所不知）轉變為「水位未滿」（我尚未充分理解）並非易事，尤其是當我們情緒激動或時間緊迫的時候。下列方法有助於提升你的水缸容量，有些方法適用整體，有些方法適用當下。

整體

□深刻反思：經歷情緒激動的互動或情境後，反思自己的處理方式，以及當下心態開放的程度。

□審慎評估：做決策時，確認自己充分理解事情的各個層面。

□尋求否定自身思考與意見的想法。

當下

□任何時刻都能自問：我的心態是開放或封閉？光是思考這個問題便能促使自己的心態更開放。

□捫心自問：我是想證明自己正確，還是想探究真理，取得精準判斷？

□為求客觀評估所有證據，而不只是自己重視的證據，請自問：我的立場是否有明確的事實佐證？

• 有效管理時間

當我與組織合作訓練他們的主管時，有時會先訪談主管的下屬，詢問他們認為主管具有什麼樣的心態，下屬通常都認為主管具有定型心態。在訓練過程中，我會先問主管們覺得自己屬於哪種心態，幾乎所有主管都說自己具有開放心態，於是我便告訴他們：「你們的下屬可不這麼認為」，並請他們解釋為什麼會有這樣的落差。

最常聽到主管的藉口就是，他們認為自己具有開放心態，但有時候時間與空間不允許他們一直維持開放，於是在緊迫的時間壓力下，只好將焦點放在執行層面，使他們無意間變得心態封閉。

我能理解這種觀點。在蓋洛普時，我總是同時處理五至十個客戶團隊，每個團隊都有各自的專案主管。有趣的是，每位專案主管的工作量都差不多，但有些主管總能超前進度，有些主管則總是在趕進度。這會影響每個專案團隊的心態開放程度，進而影響最後的服務品質。

從這些實務經驗中，我學到一件事：想要培養開放心態，必須刻意練習。如果每日深陷操勞，人容易退居被動，無法主動調整現有的心態。我們經常放棄行程的主導權，不再掌控最後期限，反而被最後期限所掌控。如此一來，我們就會退回封閉心態。因此，我們必須刻意營造時間與空間來培養開放心態。

《與成功有約：高效能人士的七個習慣》（*The 7 Habits of Highly Effective People*）的作者史蒂芬．柯維（Stephen Covey）認為，事情分輕重緩急，因此提出由兩條軸線及四個象限所構成的「時間管理矩陣」（Time Management Matrix）。這個矩陣能夠幫助我們了解目前的時間分配方式，並釐清如何提升時間管理效能。

如果我們一直被最後期限苦苦追趕、像無頭蒼蠅般四處救火、總是在滿足別人突如其來的要求，那就代表我們常常處於象限Ｉ。要判斷自己是否處於象限Ｉ很容易，只要想想：你每天起床後，是終日為別人的要求與期限而疲於奔命，還是在工作之餘仍有餘裕增進自我、有意識的規劃屬於自己的一天？你安排事情優先順序時，主要考量的是事情是否急迫，還是事情是否真的重要？

當我們身處象限Ⅲ時，本來應該把自己的注意力放在重要的事務上，卻總是被訊息、電子郵件和氾濫的會議給綁架。糟糕的是，多數人身處象限Ｉ與象限Ⅲ，所以很容易就感到失控，使封閉心態變得更加嚴重。

如果你花太多時間漫不經心的看電視、上網、瀏覽社群網站，那就代表你處於象限Ⅳ。象限Ⅳ內都是些既不重要也不急迫的活動。

	急迫	不急迫
重要	象限 I 需要即時處理的事情（例如臨時去幫下屬救火）。這類事情應盡可能減少。	象限 II 可以縮減象限 I 的日常積極行動。在這個象限中，我們能看見遠方，而非執著當下。這類事情應盡可能增加。
不重要	象限III 看似值得從事的事情（例如回覆電子郵件）。這些事情無法避免，但必須管理得宜，否則會干擾象限 II 的事情。	象限IV 浪費時間的事情（例如瀏覽社群媒體）。這類事情應盡可能避免。

象限II則是為開放心態營造空間的最佳象限。這個象限有助於拓展心理空間，以容納新的、不同的、分歧的想法，也有助於爭取時間上的自由，讓人從容權衡各種想法，並從事冥想等有益開放心態的活動。

- **透過別人認識自己**

你可以詢問別人認為你的心態開放與否，也可以詢問他們覺得你該如何變得更為開放。這樣做的好處是，能使你的心態更為開放，並從他人那裡獲得寶貴的資訊，掌握自己在什麼情況下容易出現封閉心態（盲點），了解為何在那些情況下容易出現封閉心態。例如，你詢問的對象可能會告訴你，你在會議中經常搶著提出建議，堵塞彼此對話的機會。如此一來，你將發現諸多即時促成小小改變的方法，從而成為更好的人、更好的員工、更好的主管。

你可以根據他人的回饋，做出微小、但影響甚鉅的改變。

你可以培養求真與提問的能力，協助團隊做出更好的決策。

你可以學會接納批評，使自己成為更好的配偶、父母、子女。

你可以更了解自己因心態不夠開放而對旁人造成的影響，從而促使自己採取行動，營造改善心態的空間。正如達利歐說的：

大家都會有一些不完整或扭曲的觀念……明白這點將有助於你成長。起初，多數人堅持己見，認為自己的想法最好，是那些抱持不同想法的人害事情出錯。然而，等他們反覆面對「你怎麼知道錯的不是你？」的質疑，就得被迫檢視自己想法的可信度，開始嘗試以他人的角度看待問題……對此，多數人起初會感到不安。大家在理智上能夠認同，但在情感上卻難以接受，因為他們必須擺脫只想證明自己正確的自我意識，看見過去難以看見的事情。

• 汲取關於開放心態的知識

根據個人經驗，培養開放心態最有效的方法就是了解開放心態的價值，掌握其正面效益，並辨認封閉心態的缺點。我特別推薦以下七本令我受用無窮的書籍：

❶《創意電力公司：我如何打造皮克斯動畫》（*Creativity, Inc.*），艾德．卡特莫爾著。

❷《原則：生活和工作》（*Principles: Life and Work*），瑞．達利歐著。

❸《深度改變：發現內心的領導力》（*Deep Change: Discovering the Leader Within*），羅伯特．奎恩（Robert Quinn）著。

❹《池底深處》（*The Bottom of the Pool*），安迪．安德魯斯著。

❺《好人總是自以為是：政治與宗教如何將我們四分五裂》（*The Righteous Mind: Why Good People Are Divided by Politics and Religion*），強納森．海德特（Jonathan Haidt）著。

❻《一個新世界：喚醒內在的力量》（*A New Earth: Awakening to Your Life's Purpose*），艾克哈特．托勒（Eckhart Tolle）著。

❼《肯定之罪：比起「正確」的信仰，神更值得我們的信任》（*The Sin of Certainty: Why God Desires Our Trust More than Our "Correct" Beliefs*），彼得．恩斯（Peter Enns）著。

▲邁向謙遜之路

想成為開放心態的人，必須著重探求真實，願意用正向的態度面對不確定或未知；培養高度好奇心，發現通往目標路上的種種障礙；願意探尋不同的觀點，願意承認錯誤，願意讓別人指出錯誤；摒棄自己一定要正確的心態，克制想要給予答案、展現個人形象以掌控一切的欲望。

總而言之，開放心態的前提是謙遜。謙遜之人能夠營造出具有安全感的組織文化，無論是在工作、家庭或運動領域，都可以有效促進團隊成效。誠如達利歐提醒我們的，開放心態者要記得：

摒棄自己一定要正確的渴望，享受尋找答案的過程。極度開放心態能讓你擺脫「低層次的你」的掌控，確保「高層次的你」看見並權衡所有優質選項，做出最佳決策。一旦透過不斷練習而培養出這種能力，你就能夠更有效處理各種現實狀況，翻轉你的人生。

第四篇

進取心態

第 13 章

發現進取心態

當你發現有一條很容易走的路，
多半是因為那並不是對的路，
不然就是因為你根本不在那條路上。

克雷格・隆斯布洛　Craig D. Lounsbrough

世界盃足球賽每隔四年舉行一次，每次為期一個月，可說是全球觀看人數最高的運動賽事，估計觀眾人數達三十億人，遍布全球兩百多個國家。世界各國都會派出國內最強的陣容參賽（男子組共三十二隊，女子組共二十四隊），戮力為國爭光，角逐舉世的榮耀。對有幸參加世界盃足球賽的球員而言，這是運動生涯中的重要時刻，他們肩負舉國眾望，面臨著無比沉重的壓力。

或許有些人還不太熟悉世界盃足球賽，我先解釋一下規則。如果雙方踢完規定時間，加上兩節十五分鐘的延長賽後仍然平手，則以互射十二碼的方式定勝負，雙方球員輪流從距離球門僅僅十二碼的罰球線射門，對方只能派守門員防守球門。雙方各有五次射門機會，每次射門都必須由不同的球員執行。可以想見，負責射門的球員肩負如山的壓力。

球員可能已經在場上奮戰一百二十分鐘，現在必須扛起這個攸關勝負的任務。假如是你，你會如何面對這樣的機會與挑戰？

你心裡想的是「我必須射進，球隊才能贏」，還是「我必須射進，球隊才不會輸」？兩種想法的背後，代表著截然不同的心態。

蓋爾．約德（Geir Jordet）與艾絲特．哈特曼（Esther Hartman）兩位學者分析世界盃足球賽史上所有互射十二碼，發現球員對射門的態度會大大影響其行為模式與射門結果。具體來說，那些認為目前情況是「不進球則輸」的球員，通常會避免面向或直視守門員，花較少時間做準備，射門成功率只有六二％；那些認為目前情況是「若進球則贏」的球員，則通常會面向並直視對方守門員，花較多時間做準備，藉此構思射門路徑、調整自身位置，射門成功率高達九二％。

▲進取心態與預防心態

面對人生中無可避免的挑戰，預防心態者想的是如何避免問題、力求不輸；進取心態者想的則是如何解決問題、力求致勝。在預防與進取心態的光譜上，負向那端是預防心態，正向那端是進取心態。如同先前介紹的兩組心態那樣，偏向進取或預防心態，會為你的人生、工作及領導帶來深遠的影響，讓你走上截然不同的發展方向。

為了更深入了解進取與預防心態的差異，讓我們來觀察這兩種心態會對一艘船的船長造成什麼影響。

具有預防心態的船長，執著於避免一切海上風險，掌舵時力求「不沉船」。基於這個目標，船長會變得戒慎恐懼，安全與穩定的重要性遠高於其他一切考量。所以他們會竭盡所能去避免問題及控制風險，以免危及船上人員的性命安全。在這種心態的影響下，船長關心的不是要抵達的目的地，也不是航行的方向，而是安全就好。這會帶來兩個結果：第一，在沒有明確目的地的情況下，船長往往會選擇最容易的航線：順著風向與洋流走。第二，由於風暴會增加沉船的風險，所以船長會盡力避開風暴，不斷尋找更平靜、更安全的水域。

具有進取心態的船長，作風則大相逕庭。他們是以「成功抵達目的地」為主要目標，關心的是如何有效率的不斷朝目的地前進。他們當然也不希望沉船，也明白這艘船必須行經可能發生風暴與危險的海域，勢必面臨各式各樣的潛在風險。然而他們選擇勇敢面對，因為他們知道必須冒險才能達成目標，尤其是那些遠大的目標。

雖然肩負著相同職責，但兩種船長的作風卻因心態差異而截然不同。預防心態的船長充其量就是乘著救生艇順著風向與洋流漂行，最終隨機抵達某個地方。相反的，進取心態的船長願意逆風而行，最終成功抵達預設的目的地。預防心態者選擇做最輕鬆的事，而進取心態者選擇做最有助於達成目標的事。

有些人心中訂有明確的目的地，有些人則隨波逐流、逃避問題與障礙，這就是目標導向與舒適導向之別。相信在你的生活之中一定也常會看到這兩種人，但殘酷的現實就是：我們如果不積極選擇明確的目的地，那麼預設的人生目標將是逃避問題、追求舒適，最後成為一個平庸的人。

▲你是哪種船長？

- 你是人生中的乘客（預防心態），還是駕駛（進取心態）？
- 你是行程上有什麼就做什麼（預防心態），還是會主動安排行程（進取心態）？
- 你是環境的產物（預防心態），還是積極自我規劃的結果（進取心態）？
- 你是找輕鬆舒適的事情做（預防心態），還是謀求達成目標（進取心態）？

根據上述討論及「個人心態測驗」結果，你應該能夠看清自身的主要心態為何。你屬於哪種船長？是預防心態還是進取心態？

我曾經多次在這兩種心態之間切換。高中時，我積極參與體育競賽，擁有強大的進取心態。當時的我設有明確目標，並會竭盡所能去達成，即便犧牲個人舒適也在所不辭。我每天持續鍛鍊體能及技巧，一步步向目標逼近。

高中畢業後，我離家就讀大學，很快就發現人生並不容易。學習面對人生的過程中，我培養出「沒有問題就算成功」的心態。我成年後的歲月，多半就在這種心態下度過。我視債務如瘟疫，我選擇當教授則是因為看中教職工作穩定，而且較能兼顧良好的生活品質。我從未考慮創業，因為只要一想到創業，腦海中馬上會警鈴大作：「高風險！高風險！高風險！」

選擇留職停薪進入蓋洛普任職，主要也是為了降低個人財務狀況上的風險，因為我在州立大學的薪資低於行情，三年簽約獎勵即將結束，但偏偏又住在全美數一數二貴的地區：加州橘郡。

我大半輩子都用預防心態過生活，直到人生中同時發生三件事情：

- **在蓋洛普的工作不順利，只好回加州大學富勒頓分校任教。**
- **離開蓋洛普、等待開學的期間，我開始反思人生處境。我沒有達成預想中這個年紀應有的成就，距離自己設定的目標還很遙遠。因此，我開始思考自己的目標為何，想在職涯中做出什麼樣的貢獻。**
- **投身心態研究，了解進取心態與預防心態之別。**

我終於明白自己必須試著改善財務狀況、為人生重新設定明確的目標、掌握進取心態。

於是被迫意識到自己的預防心態，並有意識的選擇改進心態。在離開蓋洛普後的幾個月中，隨著進取心態不斷茁壯，我做了幾件過去不可能會做的事：我開始創業、貸款找人建置無法立即產生收入的網站，並決定撰寫本書。過程中還花錢參加線上作家工作坊，學習寫作之道。

回顧這段自我覺察能力增強的轉換期，我發現過去的自己不太願意在人生中逆風而行，一旦發現遠方有風暴，就會趕緊逃向安全海域，忘記風暴後方就是目的地。我並非缺乏安然度過風暴的能力，欠缺的只是進入波濤洶湧海域的心態與勇氣，然而迎向風暴卻是通往成功的必經之路。於是預防心態讓我免於遭受艱難險阻，但也使我不斷遠離內心的目標與期望。

培養進取心態後，我覺得我一直在對抗風雨及洋流，不斷把自己推出舒適圈、不斷學習新事物（撰寫文章、上podcast、出書、簽訂諮詢合約等）。我冒險多方嘗試，了解哪些方案有效，哪些方案無效，藉此提升駕馭人生的能力。

舉個簡單的例子。在創業之初，我遇到許多創業家都憑藉相同的商業模式，透過線上課程賺取可觀收入。於是我決定嘗試看看，推出短期線上課程，教導如何設計亮眼的履歷表。我為此投入一筆為數不小的資金，耗費大量時間，最後營收卻不如預期。然而，我並沒有把這次嘗試視為「失敗」，而是視為學習機會，讓我了解哪些做法有用、哪些做法沒用，讓我知道自己尚未準備好推出線上課程。我沒有因為事情不成功而頹然喪志。回首看來，我發現這次失敗使我加快步伐，加速朝目標前進。

我曾經如此畏懼風雨及洋流，但與它們對抗一段時間後，我學到兩個道理：第一，在風雨中挺進並沒有預防心態告訴我的那麼恐怖。第二，我發現對抗風雨其實是一種樂趣，讓我能夠感受到自己正在進步。

▲預防心態的成因

證據顯示，預防心態可能是人的預設心態。過去近一世紀的心理學研究再三發現，我們會本能性的傾向規避損失，而非創造收益或正向經驗。損失五十美元的痛苦，遠大於獲得五十美元的快樂。學者蘭迪．拉爾森（Randy Larsen）的研究發現，相較於正面經驗，負面經驗在心底留下烙印的速度更快，延續的時間更久。這就是所謂的負向偏誤（negativity bias），其影響有二：第一，預防心態是人的天性（若無明確目標，這就是我們的預設心態）；第二，若要培養進取心態，就得以強大的內在力量克服預設心態及社會文化的束縛，體認必須承擔風險才能在工作及人生中獲得成功。

說到明確的目標，我發現許多人其實缺乏目標。我曾針對一百一十人進行非正式調查，發現八十人（七三％）表示自己有目標，但其中只有十二人（一一％）能清楚描述目標，顯示多數人根本不曾認真思考此事。領導力專家尼克．克雷格（Nick Craig）與史考特．史努克（Scott Snook）更是發現，只有二〇％的組織領導對個人目標有明確認識。

當人缺乏堅定且明確的目標，通常就會自動依循人性預設目標：謀求舒適。這時人的思考、決策與行動背後的主要動機就是追求最大的舒適。這種態度十分符合人性，但會促使人選做最輕鬆的事，而非最有利的事。

此外，我們的心態也受到所處環境及組織文化的影響。每個組織對風險的態度不同，員工很容易為了融入組織文化而採納大家對風險的態度。

以我近期輔導的一間公司為例，這間公司根據過去幾十年的經驗，相信一旦犯錯就會失去客戶的信任，導致客戶轉而選用其他公司的服務，因此發展出一種不求價值提升、只求避免犯錯及出問題的組織文化。為了避免犯錯，員工不願意冒著出錯的風險去發展新服務或新策略；為了確保不出問題，新產品推出時寧可延誤上市時機，也要完成極為煩瑣的測試。於是這間公司總是跟不上市場競爭的腳步，無法即時因應局勢變化而推出新的服務、新的做法。崇尚預防心態的組織文化，讓公司陷入停滯、趨於平庸。

當你接觸的組織愈多，就愈能意識到這種現象是如此普遍。就和個人一樣，組織若不刻意設定目標，就容易重視規避損失，而不是取得收穫，形成崇尚預防的集體心態。組織領導者固然可以找出一大堆理由說自己已經盡力，但他們通常不知道，這種心態會抑制創新、堵塞創意，扼殺優質的客戶服務，進而阻礙組織長期的成功。

總而言之，人很容易就會陷入預防心態，甚至可以說預防心態是人的本能。我們告訴自己，限制問題就能使人生平靜，規避風險就會感到安全，避免衝突就是善於團隊合作。然而，我們卻無法看清：沒有問題、沒有風險、沒有改變，並不等於成功。預防心態者或許能夠有效避免失敗，但同時也不太可能邁向卓越與成功。

▲你是人生的駕駛還是乘客？

總之，當我們做選擇時優先考慮避免損失，而不是取得收穫，或是以自己感覺輕鬆和舒適為目的，並在未經思考下允許外在環境與文化塑造我們的心態，我們便會成為這趟人生旅程的乘客，而非駕駛。然而能夠醒悟這點並不容易，至少對我而言就很難，我們經常覺得只要自己有所行動、有所忙碌、有所作為，就是在進步，卻無法真正看清：比起攀登成功這座山峰，選擇走一條輕鬆的平路，與原地踏步可能相去無幾。

唯有以進取心態設定明確的目的地，並以刻意練習的態度持之以恆，才能真正成為人生的駕馭。現在就為自己積極規劃路線，願意跋涉艱難地形、逆流而上，成功抵達自己所嚮往的目的地，踏上那座常人難以征服的高峰！

第 14 章

進取心態對思考、學習和行動的影響

快樂不是來自做輕鬆的事，
而是全力以赴完成艱難任務後的滿足。

西奧多・艾薩克・魯賓　Theodore Isaac Rubin

賓夕法尼亞大學心理學教授馬汀．塞利格曼（Martin Seligman）是本世代最有影響力的心理學家之一。一九九八年，擁有三十年專業經驗的他在擔任美國心理學會（American Psychological Association，APA）會長時，開創了新的研究領域：正向心理學。

出任會長數月後，塞利格曼在花園裡除草時與女兒妮基（Nikki）的偶然互動，讓他感觸良多：「我得承認，我雖然寫關於兒童的書籍，但卻不善與兒童互動。我是個目標導向的人，總是感到時間緊迫，當我在花園除草時，我唯一想到的事情就是趕快把草除掉。」

這天塞利格曼在花園裡除草，妮基一邊唱歌跳舞，一邊開心的將雜草拋向空中。塞利格曼覺得女兒妨礙他除草，於是大聲斥責她。於是妮基轉身離開花園，過一陣子回來時與父親展開以下對話：

妮　基：爹地，我想跟你談談。

塞利格曼：怎麼了，妮基？

妮　基：爹地，你還記得五歲以前的我嗎？從三歲到五歲，我總是喜歡抱怨，每天哭鬧個沒完。但五歲生日那天，我決定再也不要這樣了。這真是我做過最困難的一件事。如果連我都可以不再哭鬧，你一定也可以不要再那麼愛發脾氣。

塞利格曼聽完才恍然大悟，發現養育妮基的重點不在於糾正她的行為，而是在於「深入了解她的靈魂，提升並滋養它，協助她發揮這份靈魂，克服弱點，度過生命中的風雨」。他發現教養小孩的重點不是糾正錯誤，而是找到小孩的強項，滋養這份強項，協助他們充分發揮這份特質。

塞利格曼就此決心改變。他不只要改變自己的教養態度，更要改變整個心理學領域的研究方向。

過去一百多年來，九九%的心理學研究都聚焦在心理疾病與心理創傷的治療，鮮少研究人是如何得到發展、茁壯與獲得滿足。心理學家不斷探討如何讓人的心理狀態從負向轉為中性，卻幾乎沒有學者研究如何把人的心理狀態轉為正向。

因此，塞利格曼呼籲美國心理學會加強關於正向層面的心理學研究，短短數年後，他便開創正向心理學。正向心理學屬於行為科學，專門探討人生的正向層面，思考人活著的價值為何。塞利格曼促使心理學研究典範的轉移，開始重視正向特質的建構。

傳統心理學與正向心理學之間最大的差異，其實就是預防心態與進取心態之別。預防心態著重在避免不好的事情發生，讓人得以回到中性處境（傳統心理學），然而正如同「沒生病」不代表「身體健康」，「避免不好的事物」不等於「創造美好的事情」。相反的，進取心態著重如何從中性處境進入良好處境，從良好處境進入絕佳處境（正向心理學）。

身體健康就是一個明顯的例子。多數人非得要等到健康出現狀況，需要縫針、吃藥、矯正時，才會去看醫生。鮮少有人為了改進身體狀況、預防疾病發生或讓身體更健康而去看醫生。

這種心態影響著人生各個層面。下圖說明預防心態與進取心態者在獲利、效能、可靠性、倫理、人際互動、行事原則上的不同。這些觀點上的差異，使兩種心態者在思考、學習與行動上都大相徑庭。

▲思考

如果一個人缺乏明確目標，就會出現預防

預防心態者		進取心態者
避免獲利不佳	獲利	追求更高收益
避免成效不彰	效能	追求卓越成果
避免時程延誤	可靠性	追求品質提升
避免違反規範	倫理	追求實踐美德
避免意見衝突	人際互動	追求積極交流
避免失敗	行事原則	追求成功

心態，著重避免失敗、避開問題、規避風險、追求舒適與安全。相反的，如果心中有明確目標，人就會發展出進取心態，追求成功、預測問題、承擔風險，取得進步，就算犧牲舒適也在所不惜。因此，人的心態不同，對處境的想法與應對作為也會不同。

接下來讓我們來看看幾個案例。

我是兩個孩子的爸，所以就從我日常生活中極為重要的一部分講起：教養子女。

如果我是一個缺乏明確教養目標的父親，就會著重在讓全家人開開心心，孩子最好別出什麼問題。一旦問題真的發生時（例如孩子搶玩具、弄壞東西、做事情拖拖拉拉等等），我就會開始情緒化，甚至大發雷霆。我會選擇用看起來最快、最有效的方法解決眼前問題，不過實際效果往往不會太好。

相反的，如果我是一個有明確教養目標、抱持進取心態的父親，則會著重在創造長期且正面的效益，協助孩子學習與成長。我不會執著於要讓全家人開心，我知道問題本來就可能發生，也能理解孩子的情緒本來就會有所起伏。所以我會把問題視為教導孩子、與孩子建立連結的機會，而不是只想快點解決並遠離問題。

體認到這些差異後，我發現自己以預防心態教養子女時，不僅容易發脾氣，而且效果一點也不好。倘若採取進取心態，則更能維持理智與耐心，成為一個更好的父親。所以我不再規避必然發生的挑戰，而是把挑戰視為讓孩子成長的機會，藉機教導孩子有效的獨立面對未來的挑戰。

我想談的第二個案例，是關於這兩種心態如何影響我們面對改變時的思考。許多人認為人通常會抗拒改變，但這不符合現實。人不斷在適應改變，不斷嘗試做新的事情，但前提是這些事情做起來很容易，而且能讓生活更輕鬆。進取心態和預防心態的差異在於對舒適的重視。預防心態者對未來沒有明確目標或終極意義，因而只知謀求舒適，不願意做困難的改變，即使這類改變能讓生活更好。進取心態者有明確的目標或終極意義，所以願意延遲舒適，迎接挑戰，逼近目的地，達成目標。

例如，減重能讓人生變得更好，但以健康的方式減重需要極大量的努力、時間與犧牲。這就是我的親身經歷。成年後多半歲月皆以預防心態處世的我，從未嘗試減重。我知道自己必須減重，但總覺得減重太困難。我對舒適的渴望勝過對健康的追求。但為了培養進取心態後，我終於決定努力減重。

我在二〇一八年減重三十磅，後來也努力維持身材，僅僅復胖數磅。減重後，血壓等身體指標有明顯進步，整個人感到精力充沛，跑步時覺得可以一直跑下去。我一直都有跑步的習慣，但原本每天只能跑二至三英里，但現在每天能跑上四至五英里，每個週末還能加長至八英里。人或許願意接受輕鬆的改變，但唯有進取心態者才能迎接困難但必要的改變，從而進入更好的境界。

第三個案例，則是關於這兩種心態如何影響我們的人生抉擇。預防心態者執著於事情的缺點，而進取心態者則重視事情的效益。面對旅遊機會，預防心態者會覺得出遊擾亂行程、耗費金錢；進取心態者則會想到出遊帶來的美好經驗。面對工作機會，預防心態者重視工作穩定；進取心態者則著重發展機會。面對人生中的選擇，預防心態者與進取心態者會接受不同的資訊、以不同的方式評估選項，最終做出不同的抉擇。運動心理學家丹尼爾・梅默特（Daniel Memmert）、史黛芬妮・徐特曼（Stefanie Hüttermann）及約瑟夫・歐利契克（Josef Orliczek）發現，進取心態者做決策時，想出的解決方案更原創、更靈活、更適切。

預防心態與進取心態會型塑我們看待問題、改變機會以及人生抉擇的角度，影響我們的應對之道。心態，將決定我們最終抵達的目的地。

▲學習

在我長期以來對心態的研究中發現，不斷透過學習來獲取知識和經驗，是邁向成功的關鍵。下面這些名言恰好印證我的發現，或許你也曾經在公司的牆上、電腦螢幕上的便利貼或飲水機旁的布告欄上看過：

「若不願意學習，誰也幫不了你。若堅持學習，誰也擋不了你。」

——吉格・金克拉（Zig Ziglar）

「不論任何領域，持續學習是最基本的成功要素。」

——布萊恩・崔西（Brian Tracy）

「成功的關鍵在於致力終身學習。」

——史蒂芬・柯維（Stephen R. Covey）

學習的意願是左右成功的關鍵。請捫心自問：預防心態者與進取心態者，哪種人擁有比較高的學習意願、比較願意提升學習能力，並因學習而變得更為成功？

當我們擁有預防心態時，通常會對學習興趣缺缺。因為學習的本質就是要把自己推出溫暖的舒適圈，預防心態者會下意識的避免這種事情發生。

在我教過的大學生當中就有許多這樣的人，除了「取得學士學位」之外，他們根本沒有什麼明確的目標。選課時總是精心挑選最輕鬆的課、給分最甜的教授，不太會考量哪些課程與教授對自己未來的職涯發展最有幫助。

我還發現，具有預防心態的學生通常只求通過就好，念書時毫無策略，就算有也只著重表層的學習策略（例如：做筆記、劃重點、反覆背誦）。反之，具有進取心態的學生則會努力將課程內容融會貫通，傾向採用深層學習策略（例如：繪製圖表、整理重點、使用自我評量）。

不管我們扮演的是什麼角色，都必須獲取新知識、學習新事物、培養新技能，才能有所進步。就像爬樓梯那樣，我們爬上一層樓，適應新環境，然後更上一層樓。

預防心態者無視障礙的到來，不覺得有前進的必要。他們在同一層樓尋求舒適，直到迫不得已時才會開始唉聲嘆氣的往上爬。在預防心態的影響下，人很容易眷戀目前所處樓層，除非不得已，否則不願意往上爬。相反的，進取心態者善於預測下一步，為下一步做好心理準備，謀求快速且有效的在同一層樓前進，遇到必須往上爬時也樂意為之。

兩種心態相比，哪種人進步速度較快？答案昭然若揭。

▲行動

請容我以自己和女兒相處的經驗，說明兩種心態對學習與行動的影響。

幾年前，我帶五歲的女兒嘗試她央求了一段時間的事情：溜冰。剛踩上冰面時，女兒步履踉蹌，這是預料中的事。於是我試著使用各種策略來協助她，例如溜在她後面、握著她的手不放，背對前方溜在她前面，或是溜在她旁邊。有位溜冰教練建議我們先繞著溜冰場邊緣溜，讓女兒適應冰面和溜冰鞋，於是我們試著照做。儘管如此，女兒還是停留在自己最喜歡的方式，扶著牆壁在溜冰場邊緣緩慢滑動，寸步向前。

給她一點時間後，我開始鼓勵她放掉牆壁，獨立滑行。她卻以五歲小孩的堅定語氣告訴我：「不要！」

看著女兒繼續寸步繞行溜冰場，我不禁留意到場上那些呼嘯而過的孩童，有些年紀甚至比女兒還小，卻已經可以做一些簡單的招式和跳躍。我不是在拿女兒與其他孩子比較，而是在思考：「為何有些孩子一下子就學會溜冰，有些孩子卻沒辦法？」

觀察其他孩童時，我發現有個孩子不斷跌倒，跌倒後又站起來繼續溜。剎那間，我發現問題所在：「我女兒採取的是預防心態！」她力求不跌倒，真正在乎的不是學會溜冰，而是保護自己不要受傷就好。在回家的路上，女兒興高采烈的說自己只跌倒一次，對溜冰技能的學習毫不在乎。

觀察女兒及其他孩子溜冰時，我發現有些孩子對溜冰採取預防心態，有些孩子則採取進取心態，而心態的差異也導致行動與學習效率的不同。在預防心態的影響下，女兒謀求安全，緊抓牆壁不放，不肯獨立滑行，所以學習效率低。具有進取心態的孩子比較願意冒險，願意嘗試新東西，進而精進溜冰技術。此外，我更意識到溜冰技術並非取決於天分的有無，而是取決於孩子是否重視鍛鍊技能，而不是害怕跌跤。

這讓我回想起自己年輕時的籃球生涯。剛開始打籃球的頭幾年，我的球技不怎麼樣，完全比不上其他更有天賦、更有運動細胞的同學。然而到七、八級時，我卻脫穎而出，成為對上最頂尖的球員。其中原因為何？

關鍵在於我的進取心態。當時的我懷有遠大目標，一心想成為頂尖籃球運動員。所以我著重學習與培養技能，而非力求避免問題與失敗。我願意冒著風險在正式比賽中使用新學到的技能，而預防心態的隊友們則完全不願意嘗試，因為他們害怕在滿場觀眾前出糗。例如，我經常使用非慣用手上籃。這是重要的籃球技能，但剛開始練習時一定會看起來十分笨拙，很多人連練習都百般逃避，更別說要在上場時使用。為了實現我的遠大目標，我是同年級學生中第一個使用非慣用手上籃的人。我想學習，即使看起來很遜或沒進球，我也在所不惜。進取心態讓我戰勝對出糗或沒進球的恐懼。

在輔導個人及組織改善心態的過程中，我愈來愈確信：預防心態與進取心態之間最大的差別，就是恐懼。當我們具有預防心態，內心深處的恐懼就會浮上表面，使我們害怕失敗、不確定、不舒適，以及痛苦。如果我們任憑潛意識中的恐懼主宰人生，就很容易將預防心態合理化。相反的，如果能夠退一步審視內心的恐懼和藉口，就會發現順從恐懼與藉口雖然能夠暫時讓我們覺得好過些，但終將阻礙長遠發展。

當我們體認到預防心態是因恐懼而日漸生成，就能採取行動來減緩恐懼，讓預防心態獲得改善。於是我為女兒購買防摔褲及護膝，減緩她對摔倒的恐懼，並督促她定期練習。如此一來，她就能把注意力放在增進溜冰技能的發展，而不是如何避免摔倒受傷。

人生各個層面都能如此改善。如果「個人心態測驗」說你具有預防心態，請想想能夠做些什麼來減輕摔倒造成的痛苦？你還需要學習哪些基礎技能？

思考這些問題，能夠幫助你逐漸從預防心態轉變為進取心態，並一步步培養與進取心態有關的美好特質：堅毅、恆毅、決心、專注、熱情、勇氣、無畏、膽識。

第 15 章

以進取心態
導航人生方向

當一個人充滿自信的朝夢想前進，
並努力過著想像中的生活，
那麼他將在平凡時刻裡遇見意想不到的成功。

亨利・大衛・梭羅　Henry David Thoreau

你覺得自己棒不棒？珍．辛塞羅（Jen Sincero）會說：你真的很棒！

辛塞羅是熱銷兩百多萬本的暢銷書《相信自己很棒》（*You Are a Badass: How to Stop Doubting Your Greatness and Start Living an Awesome Life*）以及《喚醒富思維》（*You Are a Badass at Making Money: Master the Mindset of Wealth*）的作者，在這兩本著作中，她協助讀者改善心態、取得成功，同時娓娓道來自己白手起家的致富故事。

辛塞羅的故事令人印象深刻。她在《喚醒富思維》中提到，她成年後有數十年的歲月「身處在絕望與迷惘中……自以為是的認為致富沒什麼好的，甚至覺得致富令人厭惡，為了證明自己的觀念是對的，不惜過著窮困的生活。」多年來，辛塞羅從事低薪工作，嘗試成為搖滾明星、做自由業、做褓母、做外燴。她開著破舊的汽車，居住在車庫裡。然而後來，她卻以不到十年的時間搖身一變成為家財萬貫的富豪。現在的她會告訴你：「如果連我這種窮鬼都可以致富，你當然也行。」

辛塞羅做了什麼讓一切改變？她改變了心態。她摒棄「預防心態」，不再謀求不輸，她以前甚至可謂謀求不贏。她積極培養「進取心態」，真心尋求成功。有了這樣的親身體驗，現在的她開始幫助大家改變心態。

但這個轉變是怎麼發生的？心態固然不可能一夕之間說變就變，但辛塞羅先試著努力使心態變得更為正向，如此一來，她的思考、學習和行動就會跟著心態一起改變，從而使她邁向成功。她說：

熟成的過程很緩慢。記得有一次隻身前往印度，我害怕獨自旅行，心裡深感恐懼，但直覺告訴我，叫我一定要做。結果，這趟美麗的旅程使我脫胎換骨。在印度，我見證許多貧窮與困苦的景象。我以為自己會抱著心存感恩的態度回到自己的破爛小屋（她居住的車庫），但回家後，我發現自己的力量比過去所認知的還要強大，發現自己能做得更好。於是我開始聘雇教練，把自己做大。

在新心態的帶領下，辛塞羅在沒錢支付教練費的情況下，申請貸款聘雇教練，有次還一口氣貸款六萬美元，因為她認為：①既然頂尖運動員需要教練協助他們成功，那麼她也需要教練的幫忙；②一旦如此就能逼迫自己努力工作，支付教練費；③必須承擔風險，才能成功致富。現在，她告訴大家：「任何渴望中的現實，你都有能力創造。一切取決於你願不願意離開舒適圈，讓改變發生。」

上一章我曾提到女兒的溜冰經驗。從那個經驗中我們能學到什麼道理？我們學到，任何人都有成功的能力。成功與否取決於你重視的是勝利，還是避免失敗。

▲人生上的成功

辛塞羅從預防心態轉換為進取心態，並以進取心態取得成功，這個轉變來自於一個體悟。她發現人生中固然有許多值得心存感激的事情，卻開始對自己缺乏進步感到不以為然：

我發現自己過著半冷不熱的人生，偶爾才會激起一點點星火。最痛苦的是，我內心明明就知道自己是做搖滾巨星的料，知道自己有能力貢獻，有能力獲得，有能力盡情去愛，知道自己能登上巔峰，知道自己只要用心便無所不能……但經過幾週後，我仍在納悶前幾週自己到底怎麼過的，並發現自己仍住在破爛不堪、搖搖欲墜的公寓裡，每晚獨自吃著一美元的墨西哥捲餅。

預防心態者是人生中的乘客，經常把自己描繪成受害者，任憑人生的風雨及洋流擺布。他們不認為自己就是不成功的原因，而是把不成功歸咎於外在環境。他們被動因應情勢，不主動採取措施。他們受恐懼驅使、謀求安全，使自己困於穩定及平庸之中。他們不願冒險，因而不願收穫。

反之，進取心態者對事物懷抱積極的態度，在目標的驅使下致力讓自己成長，並邁向成功。他們駕馭人生，自行決定航線。即便外在條件及環境可能不盡理想，但他們認為這不過是旅程中必然經歷的風雨及浪潮，明白成功取決於自己如何掌舵、以及如何應對這些情況。他們不求穩定、平庸及舒適，願意冒險，而且願意逼迫自己接受艱難的挑戰，勇敢航向自己的人生目標。

在進行心態研究的過程中，我經常造訪各種組織，接觸到各種心態的人。他們的人生發展軌跡竟是如此截然不同，真是令人感到震驚。談到這裡，我想為你介紹兩位工作者：黛布拉與大衛。

黛布拉二十年來都待在會計部門，做著大同小異的事情。她喜歡這份工作的理由有兩個：第一個原因是工作非常穩定，第二個原因是下班以後就完全不用想工作的事情。從這兩個理由看來，她並非真正熱愛這份工作，她每天準時打卡上班，只是在以時間換取金錢。在她的職業生涯中，總是著重在防止出錯，以維護工作穩定。

然而，黛布拉雖然做事可靠，但同儕卻不認為她是人才。此外，出於對安全感的強烈需求，她始終反對組織變革，我甚至發現她和她的部門依然使用著過時的工具、軟體及工作方式。這也難怪十九年來她都沒能獲得升遷，直到最近才第一次被升遷為主管。然而升遷後她依舊把焦點放在確保一切都別出錯，而不是想辦法改善部門的工作及流程。

她的家庭生活也是如此。身為「穩定」的狂熱粉絲，她堅持一成不變的生活方式。早晨一定要吃麥片，而且只能是她最喜歡的蜂蜜多穀燕麥片。才剛去上班就開始期盼趕快下班，可以回家吃晚餐、邊玩填字遊戲邊看電視劇。週末也有固定行程：週五傍晚上餐廳用餐，通常是到同一間餐廳、週六辦雜事、週日上教堂。生活中的一切就像儀式般固定不變。

總而言之，黛布拉很滿意她那看起來沒什麼問題的生活，但其實她只是在隨波逐流。缺乏目標的她總是追求舒適、避免問題。她受到慣性的束縛，鮮少出現積極改善人生或推進人生的行動。她渾然不覺自己僅是人生中的乘客，任憑外在環境所擺布。

接著我們來看大衛。他任職於一間與黛布拉性質相近的公司，剛進公司時是擔任客戶服務部門主管。由於他堅韌不拔、富有合作精神又認真敬業，儘管他沒有任何人力資源的經驗，公司仍決定讓他升任人力資源副總裁。

面對這樣的機會，預防心態者必定執著於可能發生的問題，馬上斷然拒絕。然而，大衛卻認為這份職位所帶來的機會，能讓他實現「提升他人」的終極價值，於是同意接任。他的價值觀驅動著他在人資副總任內的種種作為，例如，他設定上任一年內要訪談組織內部兩千五百名全職員工的目標，並且如期達成。

大衛不認為自己的工作是以時間換取金錢，即使下班後也同樣認真以對。大衛將他的終極價值帶入家庭生活，刻意營造與妻子兒女緊密的互動關係。他會努力為孩子創造機會，讓他們學習、鍛鍊技能、體驗全新事物。在進取心態的驅動下，大衛認為人生的目標在於學習成長，而非追求輕鬆舒適。大衛是自己人生的駕駛，願意航向波濤洶湧的大海，成就心目中的那個自己，並為身邊的人帶來正向影響。

黛布拉與大衛有著截然不同的人生軌跡。黛布拉的人生軌跡大致持平，二十年來生活及工作大同小異，但她可能覺得這是種「成功」，認為：「我的一生既幸福又成功，充滿舒適、少有壓力、鮮有擔憂。」相反的，大衛的人生軌跡則不斷向上攀升，日日突破新高。擁有進取心態的他，絕不允許自己視持平的軌跡為「既幸福又成功的人生」。

大衛與黛布拉兩人，一位積極進取、一位隨波逐流，一位是駕駛、一位是乘客，這不正是進取心態與預防心態的差別嗎？

▲工作上的成功

過去數十年來，學界對於進取心態及預防心態有大量研究，數量多到學者可以針對這些研究成果進行後設分析。這些後設分析縱覽同個主題的各項研究，匯聚所有研究發現，產生全面性的數據分析。由於後設分析綜合至今關於同個主題的所有研究成果，因此學界普遍認為透過後設分析能夠得到更強而有力的結論。針對預防心態及進取心態的後設分析顯示，具有進取心態的員工較能為自己和公司帶來極大助益。與預防心態者相比，進取心態者具有較高的：

- **工作投入度**。
- **工作滿意度**。
- **創新表現**。
- **組織公民行為**[1]。

這些研究結果不只證明進取心態的員工表現優於預防心態的員工，更是顯示預防心態愈強者，任務績效愈低、組織公民行為愈低、工作滿意度愈低，而且更容易產生負面的職場行為，例如：聊八卦、霸凌等。

雖然有關預防心態的研究結果是如此負面，但後設分析結果顯示，預防心態仍有一個益處：事故發生率較低。總結來說，研究證實進取心態員工及團隊的表現，絕大多數時候優於預防心態的員工及團隊。

▲領導上的成功

組織策略專家專門研究為何某些企業成功，某些企業失敗。「高層理論」（upper echelon theory）是其中一種解釋，意指組織高層領導者為阻止制定策略及方向時，常以個人經驗、觀念及目標（也就是自身心態）為依據。因此，領導者的心態決定組織的方向，從而決定組織的成功與否。

有鑑於此，加上剛才提到進取心態者力求成功，而預防心態者則是力求不敗，因此已經

1 組織公民行為（organizational citizenship behaviors），指超越員工職責內容，但對整體工作及團隊運作有益的行為，例如主動協助同事的工作。

有學者展開研究，希望了解執行長屬於進取心態或預防心態，對組織績效會有什麼樣的影響。

聖加侖大學（University of St. Gallen）瑞士小型企業與創業研究院（Swiss Research Institute of Small Business and Entrepreneurship）的學者研究證實，執行長的心態決定組織的策略及方向。他們的研究結果顯示，執行長的進取心態愈強，組織就愈能善用或利用既有商機、愈能搜尋或探索更多新商機、愈目標導向但同時保持靈活，這樣的正向關係又被稱為「雙元性」（ambidexerity）。相反的，執行長預防心態愈強，組織的利用、探索、及雙元性就愈弱。

另一方面，奧克拉荷馬州立大學及喬治亞大學的學者研究發現，執行長的心態決定組織的績效。這份研究有三大發現：第一，執行長具有進取心態的組織，績效優於執行長具有預防心態的組織。第二，執行長的進取心態愈強，組織績效就愈強，而執行長的預防心態強度則與組織績效無關聯。第三，若組織處於動態環境，執行長的進取心態與預防心態所產生的績效差異就更加明顯。

這些研究結果不只適用於執行長。無論位階，具有進取心態的領導者表現優於具有預防心態的領導者，其下屬更為投入、更為靈活、更具效率、更有創意。

原因在於對「領導」的定義：運用權力及影響力促使他人達成目標。根據這個定義，設定核心目標或目的地是效能的先決條件。那麼進取心態及預防心態者，何者的目標或目的地更能啟發人心？對於員工來說，追隨力求不輸、安全以避免問題發生的領導者，可說是件無聊的事；而追隨謀求成功與更上一層樓的領導者，就顯得有趣多了。

這不同於學者過去的觀念。初期對於預防及進取心態的研究，學者認為兩者皆有其價值，而價值取決於不同的工作脈絡。例如學者原本假設，預防心態適合講求避免差錯的脈絡，而進取心態則適合重視追求創新與進步的脈絡。

剛開始研究組織內的進取及預防心態時，我也採取這種觀點。我訪談那些稍有差錯就會釀成大禍的部門（例如會計與核薪部門）以及講求進步的部門（例如銷售及人資部門）。這個取向的研究產生三條重要的觀察，說明預防心態及進取心態對領導效能的作用：

❶ **心態不分工作，差別在策略**。若工作性質講求防範錯誤，那麼不管員工抱持預防心態或進取心態都可以勝任。若工作性質講求進步，員工也能以任何一種心態為之。其中的差異在於工作策略。進取心態者設定明確目標，在職權內推動組織前進。他們以積極主動的策略面對工作。預防心態者則採取預設目標：避免問題，防範錯誤。他們以消極被動的策略面對工作。像會計與核薪部門講求預防問題、消滅問題。當我訪談會計與核薪部門的員工時，我發現有些員工積極開發降低錯誤率的流程（進取心態），但

有些員工卻消極以對，希望沒有發生任何錯誤（預防心態），唯有出現問題時才認真起來。因此，無論工作性質為何，領導者皆能而且皆應提倡進取心態。

❷ 多數組織裡，預防心態是常態。有鑑於進取心態的重點在於設定明確的目標或目的，我訪談主管時總是先問：「你擔任領導者及主管的目的為何？」我也以類似的問題詢問他們的下屬：「你主管的目標為何？」通常不論是主管或下屬，雙方都常籠統的回答並做出類似的答案。他們會先停頓一下，接著表示：「嗯……這是個好問題」，然後絞盡腦汁的苦思出一些沒什麼道理的答案，反映出他們好像不曾認真想過這個問題。他們會給出一些機械式的回答，通常都是背誦主管的工作描述。我發現很少有主管設定明確的目標與目的地。也就是說，多數主管是以預設的預防心態行事。

❸ 為預防心態找理由很容易。在人的心裡，負面經驗比正面經驗更有份量，而這種偏誤將影響組織及員工對待客戶的方式，使得組織、領導者及員工通常為了留住客戶而力求避免問題。當我為服務業公司提供諮詢時，我發現其領導者通常強調這種策略，甚至經常以誘因助長員工避免出現問題。領導者通常會為這種策略找理由，因為他們親眼目睹客戶因為出問題而離開。然而他們卻看不清更重要的一點：預防問題或許能避免客戶離開，但這種策略卻不會使客戶滿意，亦無助於與客戶建立正向關係，使客戶

維持長期滿意度。相反的，進取心態則更為可取。進取心態者力求增加價值，藉此獲得客戶滿足度並主動留下。

就如正向心理學家紹恩·阿克爾（Shawn Achor）曾說：「沒生病不代表身體健康。」領導者必須捫心自問：盡力避免客戶問題，以及主動為客戶增加價值，哪一種策略更能啟發人心、讓員工願意投入？

本書第一章提到的艾倫就屬前者。艾倫缺乏明確的目標，所以自然而然採取預防心態：做對自己有利的事，並避免出現錯誤。這套策略對艾倫而言固然合理，但卻會導致許多負面後果。他不僅無法為團隊帶來成長，又為了避免出錯而管太多小細節，使得情況更為惡化。例如，艾倫要員工與客戶通信時，每一封電子郵件都要寄副本給他。員工在這種要求所營造出的企業文化中，根本不會出現為組織創造價值或促進組織改變等正向的進取行為。在接受顧問服務的過程中，艾倫和他的團隊只關心別拿一分或兩分（低分），而不是關心如何才能拿到五分（高分）。因此，客戶對他的服務雖然並無不滿，但也不會特別喜歡，導致客戶保留率一直都很低迷。

還記得我們剛才提過的那位人資主管大衛嗎？大衛的行事風格與艾倫截然不同，具有進取心態的他，為自己設定明確的目標：服務組織員工，為員工改善工作環境、消除障礙。這樣的目標能為團隊帶來意義、注入能量，讓大家覺得自己正與主管攜手做出改變。大衛明白，與其管太多細節，不如讓員工自行判斷如何把事情做對做好、提升工作效能。大衛賦予員工足夠的自由與自主權，允許他們把握所見到的機會，發揮正向影響。

與其太過擔心失敗，大衛主動預測失敗的發生。他明白團隊必須承擔風險並推動創新，方能成就卓越，也明白承擔風險和推動創新必然產生錯誤與失敗。因此，他讚揚失敗，認為失敗代表團隊正在努力嘗試。當然，他也讚揚勝利。在進取心態的影響下，大衛積極營造出讓員工熱愛上班的環境。

現在，讓我用開車做個例子，為本章做個小結。

決定成為駕駛而不是乘客，將能讓你在人生、工作及領導上邁向成功。這就是本章的主旨。做乘客者，心中缺乏明確的目的地，任憑外在環境決定方向及終點。做駕駛者，掌控自身命運，心中有明確的目的地，並採取行動一步步邁向想去的地方。在出發前請再想一想，你選擇做哪一種人呢？

第 16 章

培養進取心態

當你受到某個偉大目標或非凡計畫的啟發，
心靈將掙脫枷鎖，
你的思考超越限制，
你的意識向四面八方擴張。
你將發現自己置身於一個嶄新、偉大、奇妙的世界。
力量、能力與才華從沉睡中甦醒。
你將發現你比自己過去所想像的還要偉大。

帕坦加利 Patanjali

培養進取心態、成為人生的駕駛，最關鍵及必要的條件在於為人生設定明確的目標、目的地及宗旨。

如前所述，高中時期的我具有進取心態。我的「目的地」就是打入大學籃球隊。在這個目標的引領下，我制定一系列的階段性目標，為自己指引方向。其中一項高階目標是帶領校隊獲得季冠軍。為了達成這項目標，我訂下一些初階目標，包括閱讀關於領導力的書籍、每日進行訓練，每次訓練皆專注於培養特定技能等。我所有的作為都在積極為自己的大學籃球生涯打造光明的前途。

高四那年，我們旗開得勝，季前賽結束時名列前茅，但進入例行賽後卻苦苦無法取勝。如今回顧當年，我發現有兩個遲遲無法得勝的主要原因：第一，我們的主任教練因家事請假，而助理教練的知識、技能及專業水準不如主任教練。第二，前個夏季，我們高中在州政府的分級系內從4A升至5A，成為州內的大型高中。但那年我們其實是全州規模最小的5A高中，反觀競爭對手則可從更多學生挑選籃球隊選手。

可以想見，我們最終沒有實現期望、達成目標，我也無緣獲得大學球探的關注。

隔年夏天，我持續追求目標，前往各地的專科學院參與各支籃球隊的訓練。後來，我獲得某間大學部分獎學金，但決定留在州內，嘗試以無獎學金的身分加入一間體育項目傲視全美的專科學院校隊。

當校隊選拔隨秋季學期展開，當時有六十多名選手爭取五個名額。後來我與其他六名選手擠進最後一輪選拔，但入選球隊的五人名單貼出來後，我發現上面沒有我的名字，令我深受打擊！回首當初，我覺得真正令我難過的不是因為沒入選校隊，而是因為我的目標因此也被連根拔起，頓時讓我迷失方向，人生缺乏意義。

我失去目標，同時也學到真實生活並沒有想像中容易，於是我回到原本的預防心態，心裡想著：「如果能安然度過大學，不要出什麼問題，就比多數人好了。」此後十五年，我便以這種預防心態及人生觀過活，直到從蓋洛普返回學術界後，才開始培養進取心態。

我在本書第十三章曾說，我之所以從預防心態轉變為進取心態，原因是人生經歷三大轉變：工作轉換；有時間思考人生、目標及習慣；有時間深入探究心態。這些轉變使我完成培養正向心態的前半階段：看清並接受自己沒有最佳心態，從而認清更好的心態。

然而，培養正向心態的後半階段在於實際改變心態，改善看待世界的方式。我必須改變大腦連結。

認知心理學家的研究發現，長期抱持預防心態與長期抱持進取心態的差別，與大腦前額葉皮質裡的不對稱活動有關。具體而論，如果前額葉皮質右側運作的頻率高於左側，人就容易著眼於負面，儘量避免發生問題，以預防心態行事。反之，若前額葉皮質左側的運作頻率高於右側，人就容易著眼正面，謀求收穫，以進取心態處世，不過此現象跟左右腦運作與慣用手無關。

有鑑於此，如果想要從預防心態轉換為進取心態，就得改變大腦連結，多加使用前額葉皮質左側。幸好，人類大腦的可塑性高，能夠使改變成為可能。

▲培養進取心態的三項工具

為了改變，我採取三項工具，進行小而反覆的訓練，迅速從預防心態轉變為進取心態。

• 五分鐘日誌

從蓋洛普回到加州大學富勒頓分校後，我出任大學領導力中心的助理主任。任職期間，我與中心主任一起會見董事。有次我會見安提斯屋頂與防水工程公司（Antis Roofing and Waterproofing）的執行長查爾斯·安提斯（Charles Antis，本書第十九章將介紹這位人物）。安提斯充滿魅力，具有進取心態，見面不到幾分鐘就送我一本他的「成功祕訣」：《五分鐘日誌》（*The Five-Minute Journal*）。

獲贈書籍的我，表面上很興奮，但內心嘟囔：「我才不要寫日誌」。然而，安提斯卻開始向我介紹這本書，說明這本書可以使我進入正確的心態，引導每一天的生活，而且每天只需花上五分鐘。具體而言，這本日誌分為早晨練習及晚間練習：

- **早晨練習：請寫下三件值得感恩的事、三件能使今天美好的事、一句自我肯定的話。**
- **晚間練習：請寫下三件今天發生美好的事，以及一件今天沒做到、但如果做了就能讓今天更美好的事。**

我告訴自己，就只嘗試兩週。如果有用，那就太好了！如果沒用，那也無妨。開始練習寫日誌後，我立即發現每天寫下三件能使今天更美好的事，為我的生活賦予明確的意義。回顧每天發生美好的事時，我便與自己競爭，希望為自己創造出更多美好的事，使我的人生更有目標。透過這個練習，我開始學習使用進取心態的語言。也正是這本日誌促成我寫書及創業的決定。

隨著美好的事情愈做愈多，我發現自己分身乏術，難以應付教學、研究、創業、寫書、與妻子相處、教養子女、志願工作等各種責任。因此，我必須想辦法在繁忙的生活中維持明確目標及方向。

- **完全聚焦行事曆**

接著，我開始使用麥可．海亞特（Michael Hyatt）的《完全聚焦行事曆》（*Full Focus Planner*）。這本行事曆迫使我將每日事務連結到長期目標。

具體而論，行事曆上的每季目標規劃，讓我設定、評估以及重新評估自己的長期目標及年度目標；此外，每週結束後，我會評估上一週的進展，列出上週的重大勝利，同時制定下週目標，設定每日「三大要務」（Big 3），以達成下週目標，從而一步步邁進季目標。行事曆迫使我釐清每週事務的輕重緩急，優先安排與達成目標最為相關的事情，然後再安排不那麼重要而更為急迫的事情。這本行事曆使我聚焦創造美好的每一天，為我制定明確的長期目標，讓我找到培養進取心態的具體目的地。

- **最後一項是冥想**

我決定嘗試冥想後，先下載應用程式Headscape，完成免費的初階系列，接著使用Insight Timer等應用程式及Audible有聲讀物服務上的免費冥想工具，培養還稱得上是規律的冥想習慣。冥想見效的速度雖然不如《五分鐘日誌》及《完全聚焦行事曆》，但久而久之，我發現自己的冥想習慣所產生的效果符合認知心理學家的研究結果。

威斯康辛大學的理查德．戴維森（Richard Davidson）等十名學者透過研究探討冥想是否有助於改變大腦迴路，多加使用前額葉皮質的左側（助長正向思考及觀點的那側）。他們把一群受試者分成兩組，測量他們的前額葉活動。其中一半參加八週冥想課程，另一半列入候補名單，沒有參加冥想課程。八週後，研究人員測量每位受試者的前額葉活動，發現參與冥想課程的人使用前額葉皮質左側的頻率高於實驗前的測量結果，心態因而變得更為正向。對照組則更加仰賴前額葉皮質右側，也就是與負向思考有關的那側。該研究證實，冥想能改變大腦迴路，使人更為積極進取。

現在，幾乎每天冥想的我逐漸改變大腦迴路，持續培養進取心態。

▲確認你的目的地

剛才我介紹的三種日常練習有助於改變大腦迴路，從預防心態轉變為進取心態，但首先，我們必須滿足進取心態的必要條件，才會想從事這些練習：目的地、達成目標的步驟、驅動我們昂然迎向狂風暴雨的目標或理由。然而，找到目的地、設定目標與明確的終極意義，可說是知易行難。對預防心態根深蒂固的人而言，這些作為既陌生又令人不安，因此本書在此提供一些指引、方向及啟發，希望你能更順利的培養進取心態。

• 辨認目的地

真正的成功鮮少出於偶然。締造成功者，必先於心中構想，然後刻意採取行動實現。我們必須明確辨認成功對我們的意義，也就是我們的目的地。

人如果缺乏明確且有意義的目的地，就會以預設的目的地為方向，尤其會仿效同儕的追求。預防心態者尤為如此。例如，一個人如果沒有積極的決定目的地，而身邊的朋友大多崇尚名車、名牌衣物、大房子，那麼他的預設目的地也會是這些事物。

因此，我們必須根據自身價值觀及興趣積極制定目的地及宗旨。目的地及宗旨不是不能改變，但最重要的是為自己確立目的地及宗旨。我們的目的地及宗旨將隨著我們成長而演變。

以下問題有助於你思考屬於你的目的地：

□未來的五至十年內，你想達到什麼樣的人生境界？
□在你的心目中，理想的未來是什麼樣子？
□你希望用哪十個詞來描述未來的自己？

讓我舉艾米．普蒂為例。她是一名傑出女性，身兼演員、模特兒、勵志演說家、服裝設計師、作家、單板滑雪運動員，曾榮獲多面帕拉奧林匹克（Paralympics）獎牌。她曾是全球排名第一的女性身障單板滑雪運動員，真人秀節目《與星共舞》（*Dancing with the Stars*）第十八季第二名。今日的她成就亮眼，但過去的她可非如此。她在著名的TED演講中分享人生經驗。她十九歲罹患細菌型腦膜炎，醫師判斷存活率只有二％。她兩腿膝蓋以下截肢，脾臟及兩顆腎臟皆被摘除，左耳失聰，植入父親捐贈的腎臟，但她卻奇蹟般的活下來，至今仍然健在。

剛出院時，普蒂的生活與今日截然不同。憂鬱重重的她心中想著：「我大概不可能像夢想中那樣活出充滿冒險和故事的精彩人生了。」她回到家後，一度躲進被窩裡不出來，拒絕面對現實。她說：「當時的我身心俱疲。」

後來，普蒂想到一個問題，這個問題使她脫離憂鬱、邁向成功，培養出進取心態。她不再執著於自己所缺乏的事物（下肢只剩大腿），而是開始看見自己擁有的優勢，找尋新機會，例如她發現可以自由調整身高，滑雪時腳不會覺得冷，還可以穿各種型號的鞋子。這個重要的問題就是：

如果你的人生是一本書，而你是作者，那麼你會寫出什麼樣的故事？

回答上述問題時，請運用感官將答案嵌入心態。每想到一則答案，就試著感覺它。思考你理想中對於未來的模樣、感覺、氣味、味道及聲音，這樣的思考將有助於你堅持邁向目的地，鞏固進取心態，最終達成目標。

• 設定目標

每當有人問我覺得他們具有預防心態或進取心態時，我都先反問他們：「你的目標是什麼？」我發現每當我這麼問時，能幫助對方心中的目標愈明確，進取心態也愈強。

我做事向來認真盡責、有條不紊，所以長久以來認為自己無須設定目標，覺得一切盡在掌控之中。但在《五分鐘日誌》及《完全聚焦行事曆》的指引下，現在的我積極設定目標，並發現過去缺乏目標的我是以預防心態過活，充其量只是人生的乘客，在大海上隨波逐流。有了明確目標後，我便成為駕駛，願意向前航行，挺過大小風雨。儘管航途艱難，但我明白這是成功的唯一途徑。

人必須設定目標，才能成為人生的駕駛。目標賦予我們力量，使我們聚焦與目標相關的作為，摒棄不重要的行為。目標使我們堅毅不拔，讓我們有個基準可以衡量表現，從而提升達成標準的欲望。

因此，請你務必將目標寫下來。根據加州多明尼克大學（Dominican University in California）心理學教授蓋爾・馬修（Gail Matthews）研究發現，寫下目標的人達成目標的機率約為四二%。背後原因為何？第一，寫下目標迫使人釐清內心真正想要達成的事情，並思考、計畫、分析達成目標所需的步驟及時間。第二，寫下目標並定期檢討目標，有助於辨認下一步該怎麼走。寫下目標使人更願意刻意練習。

• 設定明確宗旨

除設定目標以外，也要為目的地設定明確的宗旨，也就是思考「為什麼」。因為「為什麼」就是你會堅持挺進、度過凶險海域、穿越狂風暴雨的巨大動機。

我在第十三章提到我進行的非正式研究。研究發現僅有一一%的受試者能清楚表達自身宗旨，顯示他們曾認真思考明確宗旨，更發現僅有不到二〇%的領導者懷有強健的個人宗旨。哈佛商學院教授、《創新者的兩難》（*The Innovator's Dilemma*）作者克雷頓．克里斯汀生（Clayton Christensen）曾分享以下想法，說明找到明確宗旨有多重要：

我認為人生一定要有明確的終極意義，但我也是苦思許久才想通這個道理。過去在牛津大學做羅德學者時，我面臨的課業量極為繁重，想努力多塞進一整年的份量。我每晚都閱讀、思考、禱告，反思神差遣我來到世上的原因為何。要保持這種規律的習慣並不容易，因為我每花一小時做這件事，就得少念一小時的應用計量經濟學。我內心充滿矛盾，不知道自己究竟該不該犧牲念書時間做這件事，但我還是持續保持這項習慣，進而找到人生的終極意義。

當初若把每天那一小時拿來學習解決迴歸分析中自相關性（autocorrelation）問題的最新技術，那就是在浪費自己的人生。現在我每年使用計量經濟學工具的次數寥寥無幾，但當年那段對人生終極意義的思考，如今我每天都用得上，那是我學過最實

用的知識。我向學生保證，若願意花時間思考人生的意義，以後每當回顧起來，必定成為他們在哈佛商學院裡學到的最重要之事。若沒找到終極意義，就只能隨波逐流，任憑凶險的人生大海摧殘。找到明確的終極意義，勝過了解作業基礎成本制、平衡計分卡、核心競爭力、顛覆式創新、行銷4P以及五力分析。

納粹集中營生還者、精神科醫師維克多・弗蘭克（Victor Frankl）曾言：「人若有目的，就能忍受一切歷程。」找尋自己人生的終極意義時，我深受下列著作所啟發，其中有些著作是本章的重要靈感來源：

❶ **《相信自己很棒》**（*You Are a Badass: How to Stop Doubting Your Greatness and Start Living an Awesome Life*），**珍・辛賽羅**（Jen sincero）**著。**

❷ **〈打造目標影響力〉**（*From Purpose to Impact*），**《哈佛商業評論》**（*Harvard Business Review*），**尼克・克雷格**（Nick Craig）**與史考特・史努克**（Scott Snook）**著。**

❸ **《你要如何衡量你的人生?》**（*How Will You Measure Your Life?*），**克雷頓・克里斯汀生**（Clayton M. Christensen）**、詹姆斯・歐沃斯**（James Allworth）**及凱倫・狄倫**（Karen Dillon）**著。**

❹《最棒的一年》（*Your Best Year Ever*），麥可·海亞特（Michael Hyatt）著。

❺《傷不到我：掌控自我心智，克服艱難逆境》（*Can't Hurt Me: Master Your Mind and Defy the Odds*），大衛·高金斯（David Goggins）著。

❻《A級人生：打破成規、發揮潛能的12堂課》（*The Art of Possibility: Transforming Professional and Personal Life*）羅莎姆·史東·山德爾（Rosamund Stone Zander）及班傑明·山德爾（Benjamin Zander）著。

❼《給予的力量：改變一生的五個奇遇》（*The Go-Giver: A Little Story about a Powerful Business Idea*），鮑伯·柏格（Bon Burg）及約翰·大衛·曼恩（John David Mann）著。

❽《矩陣：促進刻意生活、自覺創造的程式》（*Playing the Matrix: A Program for Living Deliberately and Creating Consciously*），麥可·杜立（Michael Dooley）著。

想想你知道或新聞上及歷史上那些為世界帶來正向影響的人物，其中必定有亞伯拉罕·林肯（Abraham Lincoln）、馬丁·路德·金恩（Martin Luther King）、納爾遜·曼德拉（Nelson Mandela）等偉人。他們的人生終極意義為何？肯定不是安全、穩定或人際關係的追求。他們的人生終極意義似乎是為大家的生活創造正面影響。他們的終極意義都是以他人為依歸，而不是以自我為中心。

根據過去輔導領導者的經驗，我發現目標愈聚焦在他人的領導者，做事的動機就愈強大、發揮的影響力也更大。能啟發人心的領導者、大家願意追隨的人，多以他人為人生目的的依歸。相反的，以預防心態處世、以提升自我舒適為目標，力求避免問題與損失，抱持這種心態的人很難啟發人心。

▲坐上駕駛座

你現在的處境就是自身心態的結果。如果你對現在的處境不甚滿意，那就該做出改變。

辛塞羅在《相信自己很棒》說道：

你可能得做一些過去從未想過要做的事情。你可能害怕做這件事或花錢在這些事情上被朋友看見很丟臉，你可能害怕朋友因為你變得又怪又不一樣而遠離你。你得相信看不見的事情，相信原本確信不可能的事情。你得克服恐懼，再三經歷失敗，養成習慣做讓自己沒那麼舒適的事情。你得揚棄阻礙發展的舊有觀念，堅毅不拔、拚死拚活的開創理想中的人生。

辛塞羅這段話描述的正是進取心態，願意逆著風向及洋流而行，願意挺過暴雨，從而抵達夢想中的成功境界。關鍵在於辨認目的地，設定目標，找到明確宗旨。

密西根大學教授羅伯特．奎恩教授領導學，專門協助個人及組織做出改變。他曾寫道：

當我們對理想中的未來有所想像並全心投入，理想中的未來便開始影響我們現在的作為。當我們編織未來，我們便打破傳統，開始從事不同於以往的作為，使嶄新的未來開始成形。當我們受目的所驅動，我們仍受過去影響，但我們不再是囚徒。我們將知識與渴望結合，脫離最舒適的道路。我們從解決問題轉變為找尋目的，從而學習與創造。

與其被動等待成功的到來，我們必須自發性開創成功，推動人生發展。現在，請你開始為自己找到明確的目的地，每日從事培養進取心態的練習，開始朝自己獨特又有意義的目的地邁進。

第五篇

向外心態

第 17 章

發現向外心態

我們的人性在於能夠
感受、尊重及回應他人的人性。

C. 泰瑞・華納 C. Terry Warner

回想一下，你是否做過以下事情？

・開車時，隔壁車道的車輛打方向燈，想切入你的車道，但你選擇把他擋住。

・有人寄電子郵件給你尋求協助或尋求資訊，但你不予理會。

・有人為你提供協助，但你卻沒向他表達感激之情。

・可以盡舉手之勞協助家人，但你卻沒做。

・為挽救顏面而陷他人於不義。

如果你曾做過上述類似的事情，你就是我們的一份子！我就做過這些事情。事實上，不僅是你和我，大家多少都曾處於這種狀態。

我說「這種狀態」是什麼意思？問題的關鍵在於「焦點」。思考一下，在上述情況中，你的焦點為何？如果這樣說還不夠清楚，讓我們一起繼續探究下去。

在上述情況中，我們多把焦點放在自己身上。我們配戴的眼鏡（也就是心態）使我們與他人互動時，認為自己的需求、渴望及利益比他人的需求、渴望及利益還重要。坦白說，大多數時候我們認為自己是唯一有份量、有價值的人，而把其他人看得比自己還不重要。因此在上述情境中，我們大多以「向內心態」行事，而向內心態是一種偏向負向的心態。

負面的向內心態與正向的向外心態截然不同。向外心態者尊重他人身而為人的價值，認為他人與自己同等重要，甚至比自己更重要。具有這種心態的人，才能感受並理解他人的感受、需求及渴望，並願意予以回應、滿足他人的需求。

接下來，我們必須了解這兩種心態的原理，並致力於培養向外心態。原因有二：

❶ **向外心態及向內心態很容易被察覺**。簡單來說，只要想想被別人當「人」看或被當「物品」看，就可以了解，我們其實很容易可以感受到別人是怎麼對待我們的。打從出生那刻起，我們就在評估他人對我們的動機，漸漸的，我們也善於評量他人的向內心態及向外心態。請回想最近你和伴侶、主管、同事、銷售員、超市店員的互動。你覺得他們是否把你當人看？還是當個東西看？這對你造成何

種影響？是否影響你與他們相處或共事的意願？

❷向外心態及向內心態是我們人際互動的基礎，影響著我們與他人的每一次互動。我們看待他人的方式以及他人在我們眼裡的價值，都影響我們與他人的互動模式。我們若對某人懷有向內心態，就會對我們與那個人的互動及關係產生負面的影響。相反的，若懷有向外心態，則有正面的影響。這個道理大家都懂，但實際做到卻不容易。

▲山德爾的案例

接下來，我們再來看看波士頓愛樂管弦樂團（Boston Philharmonic Orchestra）創辦人兼指揮山德爾（Benjamin Zander），在這個生動的案例中將呈現這兩種心態以及它們對人生的影響。

在音樂界，指揮通常被視為神祕又些許專橫的領導者，主要的職責在帶領整個樂團，全權決定樂團演奏的曲目及樂曲的呈現方式。

當山德爾回顧這五十多年來的職涯，發現職涯前半段的他的確符合刻板印象中的專橫指揮家。在向內心態的影響下，他認為自己擔負的是樂團中最重要的角色與任務；他不把音樂家當作有感覺、有渴望的人，而是把他們看作樂器，主要負責演奏出他想要的樂曲。這時山德爾心中的主要目標是取得外界的褒揚、聽眾的青睞、樂評的讚賞，從而獲得更多讓自己功成名就的機會。但想要達成這些目標是有代價的。在這種心態的影響下，他斥責團員，把他們操到精疲力盡，壓抑他們真實的心聲，抑制他們對樂團及演奏的貢獻。

這麼一來造成何種結果？他的音樂家感覺被當成小孩、被當成奴才。他鮮少讓團員與他溝通，遑論讓他們參與決定樂曲的呈現方式。每當團員犯錯，他就會嚴厲斥責。他把大家操到精疲力盡的真正原因，不是為了他們好，而是為了**自己**好。在山德爾的心態營造出的工作環境裡，樂團團員的工作滿意度與獄警不相上下。

想一想，對工作不滿、身心疲勞、不積極投入工作的音樂家，與覺得受關懷、對工作滿意、積極投入工作的音樂家，哪一種演奏出的音樂更優美？答案再明顯不過了，但對於具有向內心態的人來說，卻難以將這個再簡單不過的道理轉換成實際行為。

職涯走到一半時，山德爾才恍然大悟：他雖然是樂團的門面，但沒有任何音符是他演奏的。雖然他握有權力，是媒體關注的焦點，但他真正的力量在於讓旗下的音樂家感到有權力。認清這個道理後，他開始積極培養向外心態。

這樣心態上的轉變為山德爾帶來重大的影響。他開始把團員當人看，甚至將其視為創造優質音樂的夥伴。他不再想：「我有多好？」而是想：「我要如何讓團員熱情洋溢、願意投入？」他不再主宰樂團成員，不再教導團員他的詮釋方式，而是協助他們發揮自己最大的能力，將每個樂句以最優美的方式呈現出來。他不再忽視團員的意見，而是認真傾聽他們的心聲。當他開始明白每個人都有自己的需求、渴望、感受、利益、獨特才華及神聖特質，意識到這點，他才開始認為團員與自己同等重要，甚至比自己更為重要。

山德爾的領導風格從此徹底改變。有次排練時，他指出一位團員拍子慢了，但幾分鐘後卻發現是自己弄錯了，於是向團員道歉。排練結束後，至少有三名團員來找他，對他說：他們已經不記得上次見到指揮家承認錯誤並誠心道歉是什麼時候了。此外，他也在每位團員的譜架上放置一張白紙，請他們盡情寫下心得，協助他以更優美的方式呈現樂曲。他讓團員形塑樂團的創作，這樣的做法在競爭激烈的管弦樂界裡是極其罕見。

過去在向內心態的影響下，才華洋溢的山德爾執著於：「我能取得多大的成就？」現在具有向外心態的他，心裡想的是：「我願意賦予他人多大成就？」

你是否能想像，如果你是山德爾的團員，面對這樣的轉變會有多大的影響？

請好好反思：你如何看待身邊的人？你把他們當人看還是當物品來看？你是否認為他人的需求、渴望、感受及利益與自己同等重要？

▲認真看待向內心態與向外心態

四組心態中，改變向內心態與向外心態所需的時間最短。我們一天當中就有可能反覆切換這兩種心態。但如山德爾的案例所示，多數人會以其中一種為主要心態。

請回想在你的生活中，什麼時候心態較為向內？什麼時候心態較為向外？根據我自己的成長經驗以及對青少年的觀察，多數人在青少年時期皆受到向內心態主導，認為世界繞著我們轉，傾向不參與對我們沒有個人或直接利益的事物。

有些人脫離青少年後便輕而易舉的使心態升級，但有些人（包含我在內）卻無法自然而然改變心態。坦白說，改變這組心態對我而言是最為困難的。

人的心態會受到內在因素及環境因素的影響。我內心向來渴望能被他人視為有份量、有價值的人物，所以我認為自己的需求、渴望、感受及利益比別人重要。再加上我是家中的老么，比哥哥和姊姊小很多歲，更加容易覺得世界繞著自己轉。我也發現在競爭場合中，我總是無法將心比心的看待與我競逐成就、名份與職位的對手。

你是否也有類似的經驗？

我們必須意識到，無論內在因素或外在環境如何，我們都有選擇心態的能力。任何事情都能選擇以向內心態或向外心態面對。在競爭場合中，我們可以接受由兒時以來的向內心態來主導，也可以選擇以向外心態來面對。山德爾的案例說明，人可以從向內心態切換至向外心態，進而對人生、工作及領導發揮重大的正向效益。

其中最關鍵、最基本的道理在於：人很容易有向內心態，但是將他人當成有價值、有份量的人來看待，是我們待人處事最基本的義務。綜觀史上重大的社會運動，全都是人在爭取被當作有價值的人來看待。如果不改變向內心態，我們可能會貶低他人的價值，限縮他人的自由、貢獻及潛力。

▲你的心態位於光譜何處？

在向內與向外的光譜上，你的心態位於何處？是比較靠近向內那端，還是比較靠近向外那端？

先前提過，「個人心態測驗」有助於辨認你所抱持的主要心態，但我們仍可自問三個問題，以評估現在的心態，並培養更為正向的向外心態。我也經常自問這三個問題，以確保心態向外。

❶ 我現在保持的心態是向內還是向外？
❷ 你是否覺得別人已經盡力而為？
❸ 是不是我的作為讓他們的表現不如預期？

第一個問題也是最簡單、最直接的問題：「我現在的心態是向內還是向外？」這個問題就像是迅速又有效的酸鹼測試，有助於我們檢查當下心態。有時我會改問類似的問題：「我把他們當作人還是物品看待？」

第二個問題更深奧一些。「你是否覺得別人已經盡力而為？」這個問題取自休士頓大學研究教授布芮尼．布朗（Brené Brown）。她是暢銷著作《不完美的禮物》（*The Gifts of Imperfection*）、《脆弱的力量》（*Daring Greatly*）、《勇氣的力量》（*Rising Strong*）、《做自己就好》（*Braving the Wilderness*）及《召喚勇氣》（*Dare to Lead*）等書的作者，多本著作曾登上《紐約時報》暢銷書排行榜第一名。她的聲音既獨特又強大，因為她畢生的研究主題與大家切身相關：羞恥（shame）。

她在《勇氣的力量》中提出的問題：「你是否覺得別人已經盡力而為？」對我深具啟

發，並促使我更全心的將他人當做「人」看待。在《勇氣的力量》這本書中，布朗妮妮道來這個問題背後有個強大的故事。

有次在演講的前一天晚上，布朗抵達下榻飯店後，發現被安排與另一名講者同住，於是心中不甚滋味。走進禁止吸菸的房間後，布朗看見室友把腳放在沙發上，吃著歪七扭八的肉桂捲，並將滿是糖霜的手摸在沙發上，然後與布朗握手。接著，室友跑去陽台抽菸，這個舉動令布朗感到生氣，因為房間內規定禁菸。

隔天，布朗與治療師晤談時，她還在生室友的氣。她向治療師宣洩心中不滿，說室友簡直是個「下水道裡的鼠輩」。等她把不滿一股腦兒的宣洩完，治療師問她這個關鍵的問題：「你覺得有沒有可能，你的室友在那個週末已經盡力而為了？」

布朗聽完堅決否認，並把問題反問治療師：「你覺得我的室友在那個週末有盡力而為嗎？」

「我不確定，」治療師說：「但我認為，大家通常都在盡力而為。」

布朗不願接受。不想就此善罷甘休的她，開始認真研究這個問題。又過了一段時間，布朗與朋友上餐廳用餐。用餐時布朗詢問朋友這個問題。朋友同意她的看法，並且舉例有些母親沒有親自哺乳是既懶惰又不盡責的行為，還說：「如果不盡責是『做到最好』，那或許你的

『最好』還不夠好。」

這段話讓布朗深受打擊，因為布朗本人就是無論如何努力，就是無法親自哺乳給自己的孩子。當下，她很想對朋友說：「我和妳一樣深愛著孩子，但我真的已經盡力而為了。」

這時布朗恍然發現，這就是被別人認為「沒盡力而為」的感覺。

回家後，布朗問丈夫同樣的問題。丈夫深思一番後回答：「我不知道，真的不知道。我只知道如果假定別人正盡力而為，我自己也會過得比較好，那麼我就不會對他人妄下定論，而會盡量關注實情。」

對此，布朗寫道：「他這番回答令我茅塞頓開。這是個殘酷的真相，但終究是真相。」

布朗的丈夫這番回答同樣也令我茅塞頓開。

讓我分享自己的生命經驗吧。這個經驗說來有點慚愧，卻恰好能說明如何改變我的人生。過去遇到遊民向我要錢時，我都以向內心態看待，覺得他們沒有盡力而為，總想反問他們：「你為何站在街角向我要錢，而不是把時間花在更有效的事情上，例如去找份工作賺錢？」以這種態度看待遊民的我，批判之心很強，協助、理解之心很弱。我認為自己比他們重要，因而將這種不願助人的態度合理化，心想著：「我比他們更需要口袋裡的錢」，或是更糟糕的想：「你不值得我的協助」。

但布朗提出的問題卻使我認清自身的向內心態。我終於能看清這種心態造成的負面影響。這個體悟注定令人感到不舒適，卻是提升心態的必經之路。

讀到這個問題並加以思考後，我開始改變對遊民的看法，改以向外心態看待他們。我開始假定他們可能正盡力而為，於是提出以前從未想過的問題：「你的人生經歷了什麼事情，讓你認為這是最佳的生活方式？」在這種態度之下，我不以批判之心，而是以同情，甚至是同理之心看待遊民。現在的我心胸更開放、更願意協助，因為我能稍微理解他們的感受、需求和渴望。

過去在向內心態的影響下，我經常假定別人沒有盡力而為。可想而知，我對別人的批判心很強，常以負面眼光看待他人。不幸的是，我不是唯一有這種心態的人。我向各團體提出這個問題時，大約有八〇%的人表示他們不認為別人正盡力而為。

有趣的是，布朗對這個問題的研究發現，那些不認為別人通常盡力而為的人，可能受苦於完美主義及完美主義所產生的羞恥感。認為別人通常盡力而為的人，擁有更多的同情心，更少的批判心，也會用更健康的方式設定人我界線。布朗發現，認為別人盡力而為的人更相信他人的價值，也更相信自己的價值。換言之，正面回答這個問題的人，對他人與對自己都更為仁厚。

第三個問題同樣強大，但必須搭配特定情境。請回想這樣的經驗：當你的同事或身邊的人不如期望中配合的時候，像是團隊成員沒有做好份內的事、領導者太過刻薄或下達差勁的指示、孩子不聽話。在這些情境中，你心裡會想著：「為何他們這麼不配合？」還是：「是不是我的作為讓他們的表現不如預期？」

後面這個想法來自山德爾。他從向內心態轉變為向外心態後，從此開始自問這個問題。過去在向內心態的作祟下，他覺得自己比團員更重要、比團員更正確，發生問題時便會指責團員的不是。但轉變為向外心態後，他更願意承認事情不順利的原因可能是自己領導無方、溝通不利，因而自我反省：「主要的問題其實就是我自己？」

身為大學教授、同時是兩個孩子的父親，我明白自我反省有時並不容易。然而，看到學生上課打瞌睡（這狀況不常發生）時或與孩子相處不順時，我都會試著自問：「是不是我的作為讓他們的表現不如預期？」當我自問這個問題後，每次都對我產生深刻的效果，迫使我試著理解他們的觀點和感受，思考自己能做出什麼調整，能夠更好的與他們配合。如果我不這樣問，心裡通常會想著：「為什麼他們表現不好？」從而變得尖酸刻薄。因為當我責怪他人，就代表我自認自己的表現比別人好，但其實我自己可能還有諸多未盡之處，只是沒被我察覺而已。

即使「是不是我的作為讓他們的表現不如預期？」是內心的思考，但同事、學生與孩子仍可感受到我在心態上的轉變。我看得出這對他們也有深刻的影響。

由於向內心態與向外心態是所有人際互動的基礎，我們必須認清現有心態，確保心態向外，或採取作為培養向外心態。希望本章介紹的三個問題，能協助你看清自己具有向內心態或向外心態，並改善思考、學習和行動，進而使人生、工作及領導更為成功。請再次牢牢記住這三個問題：

□ 我現在的心態是向內還是向外？
□ 我認為他人是否已經盡力而為？
□ 是不是我的作為讓他們的表現不如預期？

第 18 章

向外心態對思考、學習和行動的影響

若能認真凝視他人，
就能撕開平凡的帷幕，
看見每個人生經歷竟是多麼深奧與壯麗。

金伯利・懷特 Kimberly White

回顧人生，你是否能看出人生軌跡因某些關鍵的轉折點而改變？這些轉折點可能是你採取的行動、做出的決策、形成的關係、獲得的見解或遭遇的情境，但背後通常有一個共同點：心態的改變。出於各種原因，這些轉折點改變我們看待世界的方式，讓我們產生與過去不同的思考模式、生活方式及人生目標。

我一生中最深刻也最重要的轉折點，就是當我體悟到自己具有向內心態的那天。在那之前，我一直認為自己的世界觀就是最好的世界觀，對自己的向內心態一無所知，一心只想滿足自己的需求，還誤以為大家都是如此看待自己、看待世界。

後來在因緣際會之下，我的人生因為一本書而發生改變，這本書是亞賓澤協會出版的《有些事你不知道，永遠別想往上爬！》（*Leadership and Self-Deception*）。書中探討向內心態與向外心態的差異，以及對人生、工作和領導的影響，這是我讀的第一本有關心態的書。

這本書對我人生的影響，就是我希望本書所能帶給你的影響，讓閱讀引領你認清從前未曾想過或探索的深層自我：心態。

《有些事你不知道，永遠別想往上爬！》讓我感到大夢初醒，使我看見自己的醜陋。過去的我不知道自己具有向內心態，所以也無法看清向內心態對自身觀念、思考、生活方式及人際互動的影響。在閱讀的過程中，我感到謙遜及懊悔。感到謙遜，是因為我發現自己看待世界及生活的方式根本不是最佳方式。感到懊悔，則是因為我向來認為自己關愛他人，但現在卻發現原來我真正關愛的只有自己。

這讓我回想起人生歷程中，那些在向內心態驅使下犧牲他人而使自己受益的時刻。我不禁好奇，如果當初不要那麼自我中心，我的人生和人際關係會有多大的進步。我感覺自己前半輩子都在朝著一個小土丘奮力前進，土丘旁聳立著一座高山，那才是我原本該去的地方，但在向內心態的蒙蔽下，我卻一直沒有看到那座高山。

我看著屬於我的那座高山，心中懊悔至極。

醒悟為我帶來痛苦，但同時也讓我獲得自由。現在的我已經擁有知識與能力去重新設定自己的心態與思考模式，為身邊的人帶來正向影響，過著不再懊悔的生活。

所以我的向內心態就此絕跡了嗎？當然沒有。至今，我的向內心態仍會不時復萌，使我偶爾錯失對他人生命發揮正向影響的機會，但不同是我已經有所醒悟，有能力適時改變心態。過去的我不知道自己的觀點及行事風格偏向負面，也無法以不同角度看待事情；但現在的我已不再是任負向心態擺布的乘客，而是能夠有效掌控自己人生方向與行事風格的駕駛。

我的人生故事就講到這裡。接下來，我們繼續探討向外心態與向內心態對思考、學習和行動的影響。

▲思考

在一次聚會中，大家談起子女的教養問題。有人請我分享教養之道，我告訴大家，若想成為更好的父母，就必須反思與子女相處的痛點，隨時問自己：「是不是我的作為讓他們表現不如預期？」這個問題能使我們處於向外心態，依子女的先天需求來調整教養方式。

在我分享見解後，與我相識多年的老友湯姆，馬上不失禮貌的表達異議。依我對湯姆的認識，他是一個具有強烈向內心態的人，最明顯的就是他那種「要不聽我的，要不現在就給我下車」的強硬教養、領導與管理風格。具有向內心態的父母通常會挑選對自己來說最輕鬆、最有利的教養方式，鮮少考慮怎樣做才對子女最好。

湯姆講著講著，情緒就上來了。他眼眶泛著淚水，訴說父母有時根本無能為力，無論你多麼用心，孩子就是偏要「走入深淵」。湯姆的兩個孩子年齡相差兩歲，目前都才二十歲出頭。他們用相同的方式養育孩子，其中一位成為任何父母都會引以為傲的模範孩子，但另一位卻吸毒、拍色情片。

這案例引起我的興趣，因為湯姆與我是以完全不同的方式在思考教養問題。湯姆相信他的教養方式對所有孩子來說都是最好的，所以覺得自己已經盡其所能讓孩子變得更優秀，同認為沒有任何作為可以阻止孩子做出高風險的決定。相反的，我相信雖然依孩子性格調整教養方式對父母而言是很辛苦的，但子女而言最為有利。當孩子出現負面行為時，我會問自己：「是不是我的作為讓他們表現不如預期？」

像湯姆這樣的向內心態者是壞人嗎？是錯的嗎？我若向內心態行事，就成了壞人嗎？那可不一定。我沒有故意做出傷害別人的事情，湯姆也沒有。但回顧過去，當我以向內心態行事時，這種思考方式所產生的行為的確會對身邊的人造成附帶傷害。

例如前提過，我從小就熱愛籃球，以加入大學籃球校隊為志向。不幸的是，當我們具有向內心態時，看待世界的角度往往是「匱乏思維」（deficit thinking）而非「豐餘思維」（abundance thinking）。匱乏思維者認為人生的獎勵是一張大小不變的餅，大家只能競相瓜分；豐餘思維者則認為人生的獎勵是一張不斷變大的餅，大家憑藉合作就能把餅做大，滿足所有人的欲望及需求。在向內心態與匱乏思維的作祟下，我把隊友當競爭對手，覺得一定超越他們才行。於是我只關心自己的得分和籃板數，根本不太在意球隊輸贏，成為隊上的「自幹王」。當時的我覺得自己非常厲害，卻看不見我對團隊及隊友造成的傷害。但現在的我已經明白，我的所作所為讓團隊籠罩在負向氛圍之中，限縮了我們集體的成就。

深陷向內心態的人往往認為自己的思考與行動都很有道理，卻看不清自身作為對身邊的人造成的負面影響。直至今日，辛苦工作一整天後，我的向內心態仍會偶爾復萌，使我脾氣不佳且難以同理別人。例如，小孩吃飯時打翻杯子或碗盤，心態向內時，我會覺得這是在給我添麻煩，因而容易發脾氣並責罵小孩；但在心態向外時，我則會視其為教育機會，與孩子一同清理善後，藉此建立相互連結的機會。如果我們一直抱持向內心態，就會喪失許多教育孩子、與孩子建立連結的機會。

學習

心態向內時，人會自我感覺良好，成功時把功勞全部攬在自己身上，失敗時則馬上怪罪別人，完全不覺得自己可能犯錯。如此一來，就很難有成長空間，就算有也很相當有限。

回頭談談第一章介紹的艾倫。艾倫的管理風格似乎與山德爾職涯前半段雷同：視下屬為聽命的工具。艾倫漠視員工的需求、渴望及利益，要求員工從事貶低身分、低於職級的工作（例如清理他的辦公室）。在他的領導下，組織離職率自然是居高不下。然而，艾倫卻不知道自己就是問題的元兇，他自認領導有方，完全不覺得管理方式有什麼需要改善之處。

假設艾倫能夠轉為向外心態，他的學習能力與精進能力將在各層面有所強化。第一，當艾倫視員工為有價值的人，他就會更願意傾聽並重視員工的想法、意見與建議。艾倫可以相信他人的想法與自己同等重要，也可以認為自己的想法比他人重要，兩種態度所能帶來學習與成長可說是大相逕庭。

第二，艾倫若改變心態，應對問題的方式也會隨之改變。在向內心態的作祟下，艾倫很可能把問題怪罪到別人頭上，覺得：「這些人到底是有什麼毛病？」當艾倫轉變為向外心態，他就有可能發現問題的根源是自己，開始思考山德爾提出的提問：「是不是我的作為讓他們表現不如預期？」從這個問題出發，才可獲得促進自我發展的見解。

當我們抱持向外心態，就能把自己與他人看得更清楚、更透徹，從而看見他人的價值，發現自己的不足。唯有如此，才能產生謙遜之心，進而發揮諸多正向效果，提升個人學習、成長與發展的能力。

▲行動

心態產生連鎖效應。心態影響我們對他人的想法，我們對他人的想法進而影響我們對他人的行為。我們怎麼看人，就會怎麼待人。如果不把他人當人看，就會以負面方式待人。

猜猜看，哪個日常行為最容易看出人的向內心態？答案就是開車。你否曾看到別人打方向燈，但卻阻止他切入你的車道？是否曾為了求快而強行超車？是否曾對其他車輛吼叫或豎起中指？這些負面的待人方式，都是源自於向內心態，因為你無法平等看待其他駕駛，認為他們都不如自己重要。

心態向內時，我們會合理化自己的惡劣行為。電影《關鍵少數》中有一幕恰好體現這點。因性別和種族而受同事排擠的凱薩琳，冒著傾盆大雨穿越太空總署幅員廣大的園區，身上穿的是當時太空總署的標準女性服裝：長裙加高跟鞋。她才剛進辦公室，主管艾爾已經等在那兒，質問道：「妳每天都不見蹤影四十分鐘……到底跑去哪了？」凱薩琳生氣的回答：

這裡沒有我可以用的廁所……這棟大樓乃至園區西側的所有大樓，半英里內沒有有色人種專用廁所。你知道嗎？我上個廁所得自己走到非洲去，連腳踏車都沒辦法騎。哈里遜先生，請設想一下。根據服裝儀容規定，我必須穿過膝長裙、高跟鞋，加上一串珍珠。但我買不起珍珠，你們給有色人種的薪水不夠買珍珠！我日以繼夜累得像狗一樣，得靠那些你們連碰都不想碰的咖啡維生。所以非常抱歉，我每天都得去上幾次廁所。

為什麼有人被當次等公民對待？為什麼大家都看見有人遭受不公平對待，卻沒有人挺身而出？因為向內心態使人認為自己比別人重要，使人把別人視為「東西」。

唯有把他人當「人」看待，才能做到心理諮商師眼中健康關係的關鍵因素：情緒接應（emotional attunement）。以研究婚姻而文明的心理學家約翰．高特曼（John Gottman）在部落格上寫道：「沒有情緒接應，就無法培養健康的互動關係。」高特曼將情緒接應定義為「想了解並尊重對方的內心世界」。

請回想一下你的情緒沒人接應的那些時刻。是否曾在工作上遇到挫折，但似乎沒人在乎？是否曾因為帳單或產品問題而致電客服專線，但感覺對方似乎不想幫你？是否曾遇過伴侶只顧做自己的事情（例如看電視），不顧你的沮喪情緒？在這些情境下，你的感受如何？

有些人完全不在乎你的情緒，有些人則願意接應你的情緒，會試著理解你的感受、給你所需的支持，兩者之間存在著非常顯著的差異。你會尊重那些願意理解你的人，無視那些不在乎你的人。

金伯利．懷特在著作《改變：把人當人看，竟能改變一切》（*The Shift: How Seeing People as People Changes Everything*）中講述的經驗，恰好能夠體現這層差異。

懷特是一間護理之家的系統顧問，她很熟悉護理之家的環境，也樂於與病人接觸，除了一位名叫愛麗絲的病人。愛麗絲的情況比較特殊，她的頭顱只剩一半，左眼處凹陷，雖然總是戴著棒球帽，但看起來還是有點嚇人。懷特總是盡量避免接觸愛麗絲，因為她擔心被愛麗絲發現自己心中的恐懼。

有天午餐時間，懷特吃到一半聽見愛麗絲在餐廳的另一端呼喚照護人員，但照護人員沒聽見她的呼叫，直接從她面前走過去。得不到回應的愛麗絲咕噥一聲：「Fxxx」。沒多久照護人員走了回來，愛麗絲再度呼喚，一邊搖水壺，一邊說：「水壺！」但照護人員走過愛麗絲，依然沒有幫助她。愛麗絲又罵了一聲：「Fxxx」。顯然她的感受沒有被接納。

懷特陷入兩難。她應該忍受可能發生的尷尬情境，去接應愛麗絲的情緒？還是若無其事的繼續吃自己的午餐？這時懷特突然想起之前頭部創傷的經歷，當時她難以說出日常物品的名稱。她知道自己想說什麼，但腦海中就是想不起來怎麼表達，這種症狀被稱為「失語症」（aphasia）。懷特在愛麗絲的表情中，看見自己當時所經歷的那種沮喪與難堪之情。於是，懷特下意識的走到愛麗絲身旁，幫愛麗絲加水。她理解發不出正確的語音、說不出正確詞彙的挫折感。她想藉機多認識愛麗絲，確保她的需求得到滿足。

事後回想起來，懷特當下的感覺實在難以言喻。她原本對愛麗絲畸形的頭顱感到恐懼，但在與愛麗絲近距離交談時，卻完全沒有注意到她畸形的頭顱，只看到一個正常不過的人。

交談結束後，懷特內心洶湧澎湃，高興得想要手舞足蹈。她寫道：「我記不得上一次別人的生命因我而更好是什麼時候了。」

在此之前，懷特以向內心態看待愛麗絲。她只有想到自己，所以看到畸形的頭顱會感到不舒服。切換成向外心態後，懷特才把愛麗絲當成有需求、有渴望的人看待並提供協助。

寫到這裡不禁令我潸然落淚，或許是感受到向外心態與情緒接應的力量，或者也是因為感到羞愧，羞愧自己因為向內心態而痛失許多讓別人生命更好的機會。

小結

我們看待處境與身邊的人的方式決定我們的思考方式，唯有採取向外心態，才能看見並尊重他人的真實價值。最後，我再次用下表介紹向內與向外心態影響我們看待自己與他人的五個方式，做為本章總結。請邊讀邊思考，何種觀點才是「較為真切」的觀點？總歸而言，若懷有向外心態，就能把事情看得更清楚，更能掌握真實情況，也更能同理身邊的人。

	向內	向外
看待自己	認為自己比別人更重要，全世界是圍著自己公轉	認為自己只是一幅巨大拼圖中的一塊。在這幅名為生命的巨大拼圖中，每塊拼圖都發揮著重要且獨一無二的作用
看待他人	將他人看作就是該服務我或至少不礙事的東西或資源	將他人看作深具價值的人與夥伴
看待他人的感受、需求與情緒	不把他人當人看，也不考慮他們的觀點、感受、需求或情緒	把他人當人看，從而理解他們的觀點，顧慮他們的感受、需求和情緒
看待他人的思考、行動與努力	認為別人沒有盡力而為，因而刻薄批判	認為別人正盡力而為，因而對人懷有同理心，避免刻薄批判
看待失敗與負面經驗	遇到負面經驗時，會認為是他人的錯	遇到負面經驗或失敗時，會先思考自己是否有責任

第 19 章

以向外心態與他人共好

欲為他人增加價值者，
必先看見他人的價值。

約翰・麥斯威爾 John C. Maxwell

麥可・安特（Michael Arndt）是成就斐然的電影編劇，曾以《小太陽的願望》（*Little Miss Sunshine*）榮獲奧斯卡最佳影片獎及最佳原創劇本獎。此外，《玩具總動員3》（*Toy Story 3*）、《飢餓遊戲：星火燎原》（*The Hunger Games: Catching Fire*）與《星際大戰：原力覺醒》（*Star Wars: The Force Awakens*）等電影劇本也都出自他的手筆。

安特深諳能讓電影大獲成功的祕訣，他說重點在於電影工作者必須從「為自己製片」轉變為「為他人製片」。這看起來不過是十分微小的觀點轉換（也就是從向內心態切換為向外心態），卻是一部電影最終成敗的關鍵所在。

這樣的轉換看似容易，但過程卻可能痛苦萬分。安特認為「痛苦的一個來源是放棄控制權」，因為這意味著創作者必須放棄那些自己很喜歡、很重視，但缺乏效果的元素。他說：「我可能覺得這是全世界最好笑的橋段，但如果在場沒人笑得出來，我就得拿掉。最後成品是按照別人的喜好，而不是來自創作者本人的喜好，這著實令人感到心痛。」

我們之所以無法邁向成功，往往是因為不願意聽從安特的建議：「放下自我，做對服務對象最有利的事。」如果懷著向內心態、把自己看得比什麼都重要，將使得轉換與放下變得更為困難。接下來，我們將一同探索關於未來的更多可能。若能培養向外心態，不再執著於自我、堅持只做對自己有利的事情，轉變的契機與道路將自然展現在我們面前。

▲人生上的成功

如果你是個向內心態者，你的早晨會怎麼過？早上起床走進廚房，看見水槽裡滿滿都是髒碗盤，心中燃起對配偶、伴侶或室友的不滿，覺得他們故意把碗盤通通留給你洗，完全沒有顧慮你的感受。接著你打開電腦開始撰寫電子郵件，寫到一半卻被打斷，可能是小孩拿著玩具想跟你一起玩，也可能是伴侶或室友想跟你分享一則你覺得不太有趣的社群媒體貼文。你不失禮貌的說自己正在忙，然後回頭繼續工作，卻沒注意到他們略顯失落的神情。

然後你出門去上班，途中遇上大塞車，你的車卡在宛如停車場的車陣中動彈不得。你從後照鏡看到有輛車從路肩連超數十台車，然後硬要從你的前面切回正常線道。你心不甘情不願的讓他切進來，但你用力長按喇叭並豎起中指，讓他知道你的不滿。

這些事情都發生在開始上班之前。試著想像一下，如果你繼續維持這種心態，接下來這一整天還可能會發生什麼事？

上述情境與你的生活有多相似？這就是你心目中一個成功者的生活方式嗎？或者你覺得成功者的生活應該是能夠同理他人處境，在微小的互動中為他人點亮希望，因而放下那些小事、姑且相信別人並無惡意？

向內心態與向外心態影響人生各個層面，尤其是人際關係。向內心態者通常低估良好人際關係對人生的價值，把人際關係當作歡愉的短暫陪伴，認為人際關係只為了自身利益而存在。相反的，向外心態者視良好的人際關係為人生幸福美滿的關鍵。

若你認為正向且長期的人際關係是成功人生的重要部分，若你想改善與配偶、子女、父母、兄弟姊妹、朋友或同事的關係，就必須改善現有心態，並培養向外心態。

讓我們來看看以下三個問題：

❶ 被別人當「東西」看待時，你是否察覺得出來？

❷ 被別人當「東西」看待時，你作何感想？

❸ 對於那些把你當「東西」看待的人，你會想和他建立關係嗎？

你的答案為何？是否不假思索就能得到答案？

這些問題其實別具深意。我們不僅能夠輕易察覺別人對我們的態度，還會做出相應的回應。例如，有些人對你好只是期待獲得一些好處和回報，有些人則是基於真心的關懷，對於這些差別，你怎麼可能會分辨不出來呢？於是你會依據所感覺到的態度，決定要疏遠或親近這個人。

同理，別人也同樣能夠輕易察覺你對他們的態度，並據此做出回應。當你真心關懷別人，別人自然也會真心相待；當你只想著滿足自身利益，別人也會用同樣的態度來對待你。培養向外心態、看見他人價值，才能營造出更優質且美滿的人際關係。

▲工作上的成功

當我詢問企業中的專業人士「組織內的信任有多重要」，請他們以一分到十分表示，十分為「非常重要」，鮮少有人的回答會低於九分。大家似乎都明白「信任」是個人、團隊及組織取得成功的關鍵。

但當我繼續問道：「你所屬組織內的信任程度有多高？」，絕大多數人的回答都低於七分。許多研究早已證實他們的回答一點也不假，《富比世》（*Forbes*）、《快公司》（*Fast Company*）、《工業雜誌》（*Industry Week*）等知名期刊都曾介紹以下統計數據：

- **八二%的員工不相信雇主會說真話。**

- **僅二四%的員工認為執行長的行為符合倫理。**
- **僅四九%的員工表示信任高階主管。**
- **僅三六%的員工認為領導者誠實與正直。**
- **七六%的員工過去一年內曾在職場上看見非法或違反倫理的行為，若公諸於世將會嚴重損害公司形象。**

若以上數據為真，那麼所謂的「信任」，恐怕只是說說而已。大家總說信任很重要，然而每到關鍵時刻，領導者、主管和員工都願意為了生產力或個人利益而損害彼此信任。我們忘記一件重要的事：信任能夠提升經濟利益。小史蒂芬．柯維在《高效信任力》（*Speed of Trust*）中說，當組織信任度提升，績效與獲利速度將隨之提升，而成本則會降低。

為何組織裡會充滿不信任？我認為關鍵在於受恐懼所驅動的向內心態。當人害怕被忽視、考績不佳、出錯被檢討，自然會採取向內心態以求自保。如果大家都採取向內心態，會為組織帶來什麼樣的影響？答案很簡單：績效與獲利速度下降，而成本卻不斷攀升。

我們必須培養並保持向外心態，營造把「把人當人看」的組織文化，才能建立信任與良好的互動關係，讓員工及組織一起並肩邁向成功。

第十一章曾提到我在蓋洛普做的分析，在影響職場投入程度的十二個因素中，最重要的是「我的意見在職場上受重視」。接下來，我想談談與向外心態有關的第二個重要因素：「職場上有人真誠的關心我」。

在九間組織、近六萬名員工之中，有四二%無法選擇「非常同意」，這類人只有一二%會專注投入工作。結論很簡單：如果員工覺得不受重視、不被真誠對待，他們就不太會全心投入工作。

這正是山德爾體悟到的道理。在指揮生涯的前半段中，他一心要讓自己出名，並且十分害怕負面評價，完全符合滋生向內心態的完美條件。他只在乎自己的成功，把團員當作幫助他功成名就的工具，導致團員在工作滿意度、信任感、投入程度上都非常低落。

你覺得山德爾的心態有助於有效領導並激勵團員嗎？這樣的心態能夠滿足他對成功的渴望，還是恰好適得其反？

山德爾只顧追求自身成功的領導風格，不僅為自己的工作徒增困擾，更讓團員們無法發揮應有水準。諷刺的是，他追求成功的方式反倒成為邁向成功的最大阻礙。直到山德爾不再執著自我，改採向外心態，以平等和尊重的態度對待團員，才終於創造出能讓團員發揮所長的工作環境，讓樂團得以取得更高成就。

山德爾的故事告訴我們一件重要的事：當我們愈執著於自身成功，成功之路就會變得愈崎嶇艱難；當我們愈在乎別人的感受、需求和成功，就愈容易成功抵達目的地。這個道理不僅適用於個人成功的追求，同樣也適用於組織成功的追求。

還記得安提斯屋頂與防水工程公司執行長安提斯嗎？沒錯，就是送我《五分鐘日誌》的那個人。在第一次會面之前，領導力中心主任和我已經見過董事會的其他成員，他們的頭銜和安提斯大同小異，但領導的企業規模卻龐大非常多，而且集中在商業領域，而非修繕工程領域。坦白說，當時的我對安提斯心存疑慮，有點懷疑他能否為領導階層帶來有價值的見解。

見到安提斯的那一刻，我立即明白了。他是一位志在貢獻社會的魅力型領導者，多年來一直慷慨解囊，為仁人家園（Habitat for Humanity）在加州橘郡建造的所有住房免費興建屋頂。但這樣還不能讓他滿足，心態極度向外的他設下目標：答應任何向他尋求支援或協助的人。設定目標後，他的捐贈量激增、事業大幅成長，在社會上的影響也與日俱增，他和公司獲得眾多地方與全國獎項。就在最近，安提斯屋頂與防水工程公司更獲頒「美國商會基金會企業公民獎」（US Chamber of Commerce Foundation Corporate Citizen Award）。

安提斯明白，成功的祕訣不是「努力讓自己成功」，而是「努力協助他人成功」。這種向外心態為公司與社會帶來重大影響。從內部組織而言，員工認為自己的工作不只是在修繕屋頂，而是在保障顧客安全、免於漏水困擾，並對整個社會發揮正向效益。在明確目標與終極意義的引導下，員工對公司具有高度向心力，離職率更是遠低於同業。從外部社會來看，他們與「麥當勞叔叔之家慈善基金會」（Ronald McDonald House Charities）合作，透過各種非營利方案來改善橘郡的遊民問題。

現在讓我們把目光移到位在橘郡東方一千五百英里的堪薩斯市特警隊（Kansas City SWAT），看看他們如何創造出驚人的改變與影響。

過去多年來，堪薩斯市警方總帶著向內心態的眼鏡看待犯罪者，把他們視為就是該被逮捕、最好永遠被監禁的「東西」，因此警察經常過度使用武力、在嫌疑犯的傢俱上亂吐菸草、對具有潛在威脅的犬隻開槍。在堪薩斯市警察局收到的民眾申訴中，又以特警隊被申訴的比例最高，平均每月有二至三件申訴案，每件大約要耗費七萬美元的訴訟與賠償費用。

管理階層明白改革的必要，他們尋求亞賓澤協會的協助。

亞賓澤協會是一間諮詢機構，專門協助組織改善向內心態。在接受亞賓澤協會的輔導後，特警隊員的思考與行為模式產生明顯的轉變，開始以尊重、平等的態度看待犯罪者，搜查時不再亂吐菸草，還邀請犬隻專家講解如何以不開槍的方式控制具有威脅性的動物。

這次改革的成效深遠。特警隊從平均每月收到二至三件申訴，進步到六年多來完全沒被申訴。由於他們以尊重待人，市民更願意主動配合他們，短短三年間查獲的毒品與槍枝數量比之前十年的總和還多。

你認為在安提斯屋頂與防水工程公司或堪薩斯市特警隊工作是怎樣的感覺？員工是否因能對社會帶來正面效益而感到自豪？員工是否因為能發揮影響力而感到熱情洋溢？員工是否因為這樣的做事方式而獲得表揚、升遷和加薪？

答案明顯為「是」。

我們都想在工作上獲得成功、爭取表揚與升遷的機會，這時我們所渴望、努力追求的是什麼？多數人關注的事物都與向內心態有關，例如想辦法讓自己出風頭、耍小手段來爭取重要專案、只顧自己績效不管他人死活等等。這使我們忽略一個關鍵的事實：向外心態才是個人與組織成功的關鍵。

當我們擁有向外心態時，自然會用有助於成功的方式思考、學習和行動。我們能夠讓團隊不再執迷於內部競爭與資源爭奪，而是欣然向外提供協助與正向影響。山德爾、安提斯屋頂與防水工程公司、堪薩斯市特警隊的案例已經為我們證明，向外心態能夠造就成功。

▲領導上的成功

在第十五章中，我曾將「領導」定義為「運用權力及影響力促使他人達成目標」。這個定義具有兩個意涵：

- **不在領導職位上，也能成為實質上的領導者；相反的，如果擁有領導職位卻無法促使他人達成目標，則未必稱得上是領導者。**
- **領導的基本要素，是權力及影響力。**

請舉出三位對你發揮權力及影響力的人，想想為何他們能對你產生影響？能夠影響我們的人可能很多，但背後原因各有不同（例如配偶也會對你的處事方式產生影響）。這些人為什麼對你而言具有權力及影響力？是因為他們的言行讓你由衷感到欣賞與尊重？還是因為他們有權拒絕你的渴望，不跟你親熱、不給你錢買想要的東西？對某些人而言，主管之所以擁有權力及影響力，是因為主管掌控工作環境中的資源分配，有權決定他們能否順利升職加薪；但對另一些人而言，則可能是因為主管是位值得尊敬的人。

不同領導者發揮權力及影響力的方式各有不同，但我們可以將領導者的權力來源歸納為以下兩類：第一類領導者是以「組織權力」為基礎，他們仰仗職位所賦予的獎懲權，以利誘或脅迫的方式促使他人朝期望的目標前進，讓大家不得不遵循其領導。第二類領導者是以「個人權力」為基礎，他們認為自己的權力來自尊敬，所以不會依賴獎懲，而是透過創造價值及自身特質來影響他人。大家都想追隨擁有個人權力的人，因為他們覺得這樣的領導者值得追隨。

這兩種權力基礎，哪一種比較常被使用在企業之中？根據我與組織領導者合作的經驗，多數領導者會使用組織權力，原因在於相較於個人權利，組織權力更容易獲得與運用。一旦站上管理職位，就能獲得權力；獲得權力後，只要運用獎懲權，就能有效影響及推動他人。這是一條相對簡單的路線，只要站上管理職位，你就是一個領導者。相反的，個人權力的獲得與運用就困難許多，你得在個人發展和人際經營上投注大量時間與心力，才有可能成為大家樂意追隨的那個人。

更重要的問題是：對組織而言，哪一種權力基礎更具效力？組織權力的確有助於用最短的時間把事情搞定，但長期來看卻會產生負面效應。二十世紀德國狂人總理阿道夫．希特勒（Adolf Hitler）就是一個非常顯著的案例。在商業界，則有人稱「電鋸」（Chainsaw）的阿爾．鄧拉普（Al Dunlap）。根據《時代》雜誌報導，鄧拉普被公認為有史以來的「十大惡劣雇主」之一。他如此惡名昭彰是因為他為企業產生獲利的方式是「鋸掉」員工，也就是裁員。新聞記者約翰．柏恩（John Byrne）在鄧拉普傳記中如此評論鄧拉普：

從事新聞業多年來，我未曾見過像鄧拉普這樣如此善弄權術、殘酷無情、暴烈兇惡的企業主管……他吸取企業及個人的生命與靈魂。他竊取組織的尊嚴、希望及意義，代之以恐懼與威嚇。

這些人掌握強大的控制力與影響力，並透過權威和脅迫取得傲人成就。然而，這一切背後的代價為何？根據針對領導者及主管效能的研究，多數主管以組織權力為領導基礎。統計數據如下：

- **五分之三的員工想換主管勝於想加薪。**
- **三分之一的員工表示自己與主管的關係「還算正面」或更差。**
- **五分之三的員工表示主管傷害他們的自尊。**

- **五分之二的員工表示主管無法協助他們提升生產力。**

更有效的領導方式，是以個人權力為基礎的領導。若想成為一個讓人願意追隨的人，靠的不是職位或頭銜，而是我們確實值得大家追隨。當我們成為這樣的人，就能營造出一個讓人「願意努力」，而非「不得不努力」的環境，並有機會為追隨者創造正向、深遠、甚至足以改變人生的影響。那些以組織權力為領導基礎者，鮮少能夠獲得以下評價：

- **我遇過的主管與領導者當中，她是最棒的。**
- **我之所以有今日，他的協助功不可沒。**
- **她不只是我的主管，更是我的導師、協助我取得成功的關鍵人物。**
- **出於他對我的恩情，我願意衝進火場把他救出來。**

抱持向內心態與向外心態，會影響人對權力基礎的選擇。

如果懷有向內心態，我們就會一心想做對自己最容易、最方便的事。我們會憑藉權威，謀求立竿見影的效果，也就是透過獎懲機制讓下屬拚命實現我們的意志。我們不願意花心思與下屬建立關係，而是把他們當作棋子看待，要求他們滿足我們的需求與利益，完全無視於他們所付出的代價。為了達成目標或追趕期限，我們會強迫部屬在週末加班，卻沒注意到額外的工時及缺乏休假對他們的負面影響。

若以這種方式領導，員工、同事和團隊成員自然不可能會想追隨我們、受我們影響。如果他們覺得被我們當「東西」看待，他們又會如何看待我們？多半也是把我們看作「東西」。

被當「東西」對待的人，是否會盡力發揮才智與能力，並對工作全力以赴？不會。他們會維持在平庸之上，不要受到責罵或懲罰就好。為了完成任務，領導者只好更加仰賴權威、持續強化獎懲機制，讓整個組織陷入充滿挫折的惡性循環：領導者因員工效能低落而愈發焦躁，員工則因為被當工具對待而愈發不滿。

相反的，如果懷有向外心態，我們便一心想做對下屬最有利的事。我們不會憑藉權威或獎懲，而是不斷精進自我，成為大家願意追隨的領導者，並以身作則。我們明白良好關係是發揮影響力的前提，因此願意投注心力經營與下屬的關係。

本書第十五章曾介紹一間大型企業的新任人資主管：大衛。大衛最近和我分享他與下屬艾力克斯的互動，艾力克斯已經在這間企業任職整整三十年。與艾力克斯晤談時，大衛問他今後的職涯目標為何，艾力克斯如此回答：「我不知道。我從來沒被問過這個問題。」

根據這直截了當又令人訝異的答案，你覺得艾力克斯之前遇到的主管有何特質？這些主管以何種權力基礎領導下屬？你覺得艾力克斯是否會願意追隨大衛、受大衛影響？我覺得可能性甚高。大衛就是那種員工願意奔入火場拯救的主管。他設下目標，在上任第一年內與組織全體二千五百名正職員工談話，並且如期達成目標，足足凸顯其向外心態。

相信你已經慢慢能夠了解，懷有向外心態的領導者能對團隊文化產生何種程度的影響。如果一個人不只是被當人看待，更是被視為有價值的重要夥伴，他自然會盡力發揮才智與能力，並對工作全力以赴。亞賓澤協會在《有些事你不知道，永遠別想往上爬！》中提到，「我們無法得知聰明的人能有多聰明、專業的人能有多專業、勤奮的人能有多勤奮，直到他們把別人當人看待，也被別人當人看待。」

以個人權利為領導基礎，不僅能夠避免組織陷入惡性循環，更能創造賦權與能的良性循環。向外心態的領導者願意將責任下放給追隨者，而員工也渴望追隨領導者。因此員工在現有崗位上努力追求卓越，而領導者對他們的信任不斷提升，願意將更多的責任與權力下放給他們。

領導者的效能取決於向外心態的強度。懷有向外心態的領導者，可以做到以下事情：

- **引領身邊的人發展向外心態。**
- **增進下屬的努力、才智與技能。**
- **締造賦權與能的良性循環，而非充滿挫折感的惡性循環。**

這種領導模式適用於任何領導情境，無論是企業、家庭、軍隊、教會，或者你能想到的其他場域。

我對向內心態與向外心態的研究也證實這個效應。我曾與一間約有兩千名員工的組織合作，調查組織員工認為主管具有向內心態還是向外心態。四週後，我用量表測量同一批員工對工作環境的感覺。研究結果發現，將主管評為最低四分位數，也就是認為主管具有強烈向內心態的員工，參與感、安全感、對主管的信任感分別為三・九四分、三・九二分、三・二九分（此量表最低一分，最高七分，一分是非常不同意，七分是非常同意）。

研究還發現，該組織有四分之一的員工強烈認為主管視他們為「東西」，不覺得主管信任他們、不覺得有參與感、不覺得有職務上的安全感。相反的，將主管評為最高四分位數，也就是認為主管具有強健向外心態的員工，參與感、安全感、對主管的信任感分別為五・八六、五・六〇、六・五九。在信任感分數上，甚至相差超過一倍。

▲小結

亞賓澤協會在《有些事你不知道，永遠別想往上爬！》一書中探討向內心態與向外心態的重要性及影響時提到：「父子、夫妻、鄰居不睦的原因，也就是同事間不睦的原因。企業失敗的原因與家庭失敗的原因沒有什麼不同。」這個原因就是向內心態。

將他人當作有價值的人看待，這是為人的基本責任，這需要向外心態才能辦到。我們如果能夠使自己的心態更為向外，就能改善人際關係的品質，提升工作的效能，成為大家願意追隨的領導者，讓大家願意且樂意被你影響。

第 20 章

培養向外心態

我們都是人類，不是嗎？
每個人類的生命皆有相同的價值，
皆值得拯救。

J・K・羅琳 J. K. Rowling

請回顧人生中對你而言最具意義的一項體驗。想一想，你當下的心態是向內還是向外？

在我的人生中，最具意義的體驗是從向內心態轉換為向外心態。下面我要分享兩個深具意義的人生故事，第一個故事讓我初次體會懷有向外心態的感受，第二個故事則是一件小事，卻對我造成深遠的影響。

▲瓜地馬拉的聖誕節

在我十三歲那年的聖誕節，我們一家人沒有交換禮物。當時我父母規劃了一個特殊的聖誕節活動：到瓜地馬拉的一個小村落擔任人道志工。我雖然不是很喜歡這個活動，但還是對這趟冒險之旅感到興奮。

志工團隊共有三十人，其中一半成員為牙醫師與口腔衛生師，專門為村民提供口腔護理（主要是拔牙），另一半成員則負責為村落裝設新的水利系統。我的父親是土木工程師，則擔任第二組志工的組長，所以我也隨著父親加入第二組。我們的目標是找到未受汙染的泉水，搭建簡單的水壩，並用管線引流到前批志工建築的混凝土水庫。我拿著開山刀，負責為工人與管線開路。

我們在聖誕節清晨出發，途中還經歷航班改道，最後抵達悶溼的瓜地馬拉。村落藏身於一座滿是茂密叢林的山上，我們搭乘巴士十小時，再徒步長途跋涉後才終於抵達。接下來十天，我們在村裡的學校紮營。在猶他州中產階級家庭長大的我，根本還沒準備好面對此地的貧窮與困苦。

村莊座落於山谷之中，我們居住的學校位於村莊中央，旁邊就是以土鋪成、滿地泥濘的主要街道。儘管當時正值乾季，卻幾乎天天被大霧籠罩。主要街道既是交通要道，也是足球場，也是兔犬遊蕩之地。

環顧四周山丘，可以看到樹叢掩映著錯落的棚屋。這些樹叢是咖啡樹，大概有成年男子那麼高。村裡所有家庭都是以摘採咖啡豆維生，每噸咖啡豆可賺十美元。咖啡豆摘下後裝袋，一袋重三十至六十磅，由男人與男孩沿著泥濘溼滑的小徑扛下山。

我持續觀察周遭環境，看見對街有根縱切成半的竹子從叢林中伸出，有水從中涓涓流出。這是村落唯一的水源，提供村民飲水、洗澡和洗衣。我後來得知，這裡的水源已經遭到汙染，是村裡孩童生病的主因，甚至導致兒童死亡率居高不下。在猶他州中產階級家庭長大的我，實在難以想像世界上有人過著這種生活。

此後九天，我隨團隊跋涉幾英里的泥濘山路，找到一處泉水。我們清除四周，開始築壩，鋪設管線。每天工作結束後，大人們會返回學校協助牙醫師治療排隊看牙的眾多村民。為了拔牙，許多人要走幾英里路，還有些人是連夜摸黑跋涉而來。我未曾見過有人拔牙後竟會感到如此解脫與開心，因為他們終於可以不再忍受劇痛了。你可以想像摸黑跋涉整夜，就只是為了拔牙嗎？親眼目睹這樣的場景著實令人心碎。

當時我年紀還小，沒辦法幫牙醫師忙，所以負責與村裡的孩子玩耍，免得他們妨礙牙醫師的工作。我發現一些我們習以為常的東西，對這些孩子而言非常新奇，尤其是我的錄影機。我錄下他們的影像，播放給他們看。村裡多數孩童沒照過鏡子，所以這是少數能看見自己的機會。他們樂此不疲，有時我會被幾十個孩子團團包圍。

雖然我見識到貧窮並為村民服務，然而當時的我最關心的還是自己。我抱怨這裡的食物：米飯、豆類、香蕉。工作時，我盡力避免讓自己不舒適、努力別弄髒自己。我只做自己感興趣的事情，而不是對團隊有幫助的事情。我因此惹上麻煩：拿開山刀開路，沒想到竟然砍到大黃蜂窩，結果我從臉、脖子到臂部被黃蜂螫了十幾處。

然而，在村裡的最後幾天，我開始轉換心態。雖然當時的我沒意識到這個轉變，但我的行為卻開始改變：我的抱怨變少，做事更勤快。我不再只想著自己的處境，而是渴望為村民服務、改善村民的處境。我不再像以前那樣想著人生缺乏什麼，而是為自己擁有的舒適生活心存感激。我有乾淨的自來水可用、有乾淨的鞋子可穿，這些都是村民無法享受的舒適。我以前曾經因為聖誕節沒禮物或沒名牌衣服而與父母爭吵，現在看來是多麼愚昧無知。

最後一天夜裡，我期待回到家好好洗個澡、躺上真正的床，但同時我也心繫村民，為他們的處境感到心碎。我多麼盼望能為他們做更多的事，不只是我，志工團裡的每一個人都是如此。短短數日，改變甚鉅！我甚至想把所有的衣服和東西全都留給瓜地馬拉村民。

回想起來，年輕的我未曾如此真切的把他人當人看待，認為他們的需求和感受和我的同等重要，甚至比我的還重要。年輕的我未曾像對待村民那樣對待他人。雖然我當時不明白這是心態的改變，但這次體驗讓我開始以不同的角度看待不同的人生處境。

我由衷希望當時的向外心態能保持下去，但可惜的是並沒有。當我慢慢成長，竟忘了在瓜地馬拉最後一夜的感受。如今，現在的我努力改進心態，時常回想起瓜地馬拉山村的經驗，使我更加明白自己應培養向外心態。

▲一頂得來不易的帽子

數年前，我遇上一段深具意義的小事件，點燃我曾在瓜地馬拉經歷的極度向外心態。

洛杉磯天使隊（Los Angeles Angles）每年都與加州大學富勒頓分校的「泰坦隊」（Titans）合辦「泰坦之夜」（Titan Night）。購票觀賽的教師與員工都能獲得以加州大學富勒頓分校代表色所作的天使隊隊帽。我很想拿到那頂帽子，但找不到人一起去，只好獨自前往。

一個人看棒球的好處就是通常可以溜進搖滾區，找到沒人坐的席位。比賽前七局，我坐在天使隊球員休息區後方數排，得意的戴著天使隊和加州大學富勒頓分校的帽子。可惜的是，那場比賽天使隊持續慘遭對手輾壓，所以看到第七局我就起身走向球場出口。走到最後一排時，有一家人攔住我，問我帽子上哪兒買的。他們說兒子（正好去販賣部買東西）超想要一頂和我一樣的帽子。我跟他們說這是宣傳用品。

當時我心裡突然閃過一個念頭：「把帽子給那小孩！」但我的向內心態立即被啟動，提醒我：「你之所以獨自來看比賽，眼睜睜看天使隊被對手慘虐七局，就是為了拿這頂帽子！」

於是我繼續往出口走。但接下來五十步間，我心裡萬分掙扎。心中猛烈的向內心態與期望中的向外心態爭執不下。我想盡一切保有那頂帽子的理由，但我的向外心態拚命駁斥這些理由。接著，我問自己：「如果把帽子給那位小男孩，他會有什麼感受？」這個問題使我跳脫自身感受，思考那位男孩與他家人的感受。最後我停下腳步，往回走，把帽子送給那家人。

結果，他們一家十個人全部站起來與我握手或擁抱。

我離開球場時，那份在瓜地馬拉經歷過的感覺油然而生。我知道自己做了正確選擇。我的向外心態明白，那種將他人當作有價值的人看待、為他人付出的感覺，以再多時間或金錢換取都很值得。

▲你也可以從向內心態轉為向外心態

這兩段經驗說明兩個道理：一、心態即使天生向內，仍可轉而向外；二、以向外心態過生活，能為生活帶來難以置信的價值。

做出如此轉變的並不只有我。大型國防承包商雷神飛彈系統公司（Raytheon Missile Systems）的領導團隊也曾經從向內心態轉換為向外心態，從而改變組織的命運。下面這個案例取自亞賓澤協會的書籍《不要窩在自己打造的小箱子裡》（*The Outward Mindset*）。

企業合併案完成後，雷神飛彈系統公司的領導者路易絲．弗朗西斯科尼（Louis Francesconi）指示在三十日內削減開銷一億美元。她召集各部門主管開會，討論如何刪減預算，省下一億美元。

請想像自己是與會部門的主管。你知道目標為何，也明白自己該做什麼以達成目標，這時你會抱持何種心態？想必你會保護自己的預算，對吧？可想而知，部門主管都懷著向內心態，想保護各自的部門，認為別的部門主管是爭奪資源的競爭者。於是每個部門皆敷衍了事，因而最終無法達成一億美元的目標。

不久，裁員的議題出現，使大家的向內心態更加頑強，以堡壘心態保護自己的員工。眼見會議不順，弗朗西斯科尼以兩項作為改變大家的心態：

第一，為處理裁員議題，她請各部門主管列出可能被裁員的人，接著詢問若被裁員，這些員工以及他們的家人與社群會受到何種影響。這些問題讓部門主管意識到他們討論的不是一個「物品」，而是一個個活生生的「人」。

第二，弗朗西斯科尼請主管分成兩兩一組，相互晤談兩小時，了解對方部門的業務，共商如何共創效率。如此一來，部門主管不再力求自保，而是將其他部門的主管當成夥伴，明白對方的需求與感受與自己的同等重要。

心態轉變的成效斐然。有位部門主管自願將自己的部門併入同事的部門，為組織省下七百萬美元，縱使這樣做使他的職級降低。而其他與會主管也做出類似的改變。

領導團隊從心態下手，促使各部門主管從向內心態轉變為向外心態，最終在低度裁員的情況下，達成刪減預算一億美元的目標。此後，雷神公司持續重視心態的重要性。那段期間，專家評估雷神公司的成長不可能超過五%，但雷神公司卻成長了一倍之多。

▲培養向外心態

若要從向內心態轉變為向外心態，或者想要加強向外心態，該怎麼做？

本章已經說明前半部分：對心態醒悟、了解各類心態、明白各類心態強大而歧異的影響，認清自身心態，記住曾有向外心態的時刻。後半部分則是改變大腦迴路，擺脫既有模式。若要做到，就得從事以下三項作為：

•認清自身向內心態的肇因

人心態向內的主因有二：恐懼與自我背叛。若不認清自身的恐懼與自我背叛，就不可能看清自身的向內心態。

第一，恐懼。如同本書探討的所有負向心態，向內心態的根基是恐懼。以下是促成向內心態的恐懼：恐懼資源不足、恐懼錯失機會、恐懼無法達成目標或滿足期望。這些恐懼促使我們謀求自保，轉而向內，關心自己勝於關心別人。

這三種恐懼皆源於第十八章討論的「匱乏思維」。抱持匱乏思維的人，會視人生的獎勵（升遷、賺錢、關愛）為一張大小固定的餅，認為人生就是在爭相瓜分這塊餅。若看見別人搶到一大塊，就會覺得剩下的餅變少，並且更加鞏固向內心態。

近期我與一名中型銀行的中階主管晤談。她告訴我，她那幹勁十足的執行長最近向股東訂下崇高的目標，想要在一段時間內將資產管理規模增加一倍。大限將至時，執行長愈來愈喪心病狂，拚命對銀行主管及員工施加壓力，不斷「鞭打」大家以提升成長率。

這位女主管認為，上述提到的三項恐懼，執行長都有。第一，執行長傳達業績目標時，總是說到和其他銀行搶客戶，這代表執行長認為資源不足。第二，她雖然不確定執行長訂定這個目標與時程的原因，但她懷疑是因為執行長想把銀行賣掉，撈上一大筆錢，然後出任大型銀行的高階主管。這可能是執行長「取得領先」的最佳機會，若不把握，即有可能「錯失機會」，無法高升。第三，向股東誇下海口的執行長，必定害怕無法達成目標，滿足股東的期待。

以鞭策的方式對待別人的人，必定不把受鞭策者當成有價值的人看待。執行長出於恐懼而以向內的自保模式經營公司，認為達成目標的最佳方式就是逼迫員工，因而合理化苛刻無理的管理方式。執行長看不清，單憑員工更努力、更血汗，不可能在如此短的期限內使銀行的資產成長一倍。銀行可能得改革營運模式，發揮創意，推動創新，才能達成目標。然而，以鞭策人的管理方式，能否營造有創意、有創新的環境？答案是「不能」，而且會適得其反。在恐懼與向內心態的作祟下，執行長的領導與激勵方式反倒阻礙銀行的成長，使銀行無法達成目標。

執行長必須對自身恐懼有所醒悟，並充分反思，相信這張餅可以愈做愈大，才可能脫離困境。如果執行長認為資源充足，明白把銀行賣掉不是唯一「取得領先」的機會，知道有意義的朝著目標邁進，本身就是勝利，他就更能尊重員工的價值，營造有利創新與創意的環境，從而達成原先的目標。

第二、自我背叛。心態向內的另一個原因是自我背叛（self-betrayal）。自我背叛指的是我們覺得應該替別人做某件事，但卻沒有做到。

這聽起來無傷大雅，甚至稀鬆平常，比比皆是，但產生的影響卻很驚人。這種背叛可能蹂躪人的情緒。華納的精彩著作《使我們自由的人際連結》（*Bonds that Make Us Free*）專門探討自我背叛。書中提到一個案例：理查三十歲出頭，已婚，育有一子。凌晨兩點，理查被嬰兒的哭鬧聲吵醒。當下，他覺得自己應該起來安撫嬰兒，讓妻子繼續睡覺，但他卻刻意忽視這份感覺，選擇不起床照顧嬰兒。覺得應做到的事但卻沒做到，使理查不得不面對這不光彩的情境，為背叛自我的決定找理由。

為自我背叛找理由時，人必定會出現以下三種反應，因而陷入向內心態：

❶**為不體貼的作為找藉口**。理查必須把不起床的決定合理化，於是他想到，等一下得早起，必須把握睡眠時間，才能面對「重要」的一天。

❷**指控別人**。找藉口時，我們會覺得必須解釋為何他人不值得體貼。理查開始思考，為何妻子理應照顧起床的嬰兒，想著：「照顧嬰兒本來就是她的責任」、「她可以睡晚一點，為什麼我不行」、「她可能哄嬰兒睡覺前忘了換尿布，所以本來就是她的錯」。

❸**把自己看作受害者**。為自己開脫並指控他人後，我們便把自己看作受害者。我們覺得自己遭受不公平的待遇，但這背後的真相是我們覺得自己應該做到某件事，但卻沒做到。理查像是在準備訴狀一樣為自己的不作為辯護。若把自己看作受害者，人就會仔細搜尋別人對待自己不公平的證據。

唯有透過這三種反應，我們才能合理化不做原本該做之事的決定，於是產生向內心態，使我們重己輕人，不把別人當人看待。根據華納的解釋，這背後的道理就是：「唯有找到或創造原因，說明別人不值得，才能合理化不對別人好的決定。」

自我背叛與其引發的反應產生一種惡性循環，從而摧毀我們的人際關係。起初錯的是我們自己，但最後卻變成我們認為是別人對不起我們。

試想後續的發展。理查早上可能會如何對待妻子？妻子又會如何回應理查？理查背叛了自己，進而也使夫妻關係陷入僵局。

• 對自身恐懼與自我背叛醒悟

恐懼與自我背叛是產生向內心態的兩個主因，讓我們將向內心態合理化。若認不清自身恐懼與自我背叛，就會對自身的向內心態渾然不知，看不清有更好、更有益的心態。我們必須對向內心態的成因有所醒悟，才能把心態轉而向外。

• 不時以關鍵問題評估自身心態

想要改善心態，就得改變大腦迴路。想要改變大腦迴路，就得反覆從事微小的介入行動。改變大腦迴路、強化向外心態的最佳方式之一，就是不時以自我質問的方式評估自身心態，問自己：

- **我現在的心態是向內，還是向外？**
- **他們是否正盡力而為？**

・是不是我的作為讓他們表現不如預期？

這些問題使我們有意識的將心態重置，使心態更為向外。你的心態重置愈多次，向外心態就愈穩固。你也可以參考《使我們自由的人際連結》書中提出的兩個問題，對於內觀自省相當有幫助：

・你喜歡成為劇場中的一員，還是只關注自己的內在劇場？
・如果要你選擇可以代表自己生命之書的封面，你會選擇哪一種？
□你是焦點，身邊圍滿崇拜者。
□封面中有你關愛、在乎的人。

這兩個問題具有強大的力量，迫使我們重新思考向內和向外心態孰輕孰重，以不同的方式重新看待自己與他人的關係。

▲把自己照顧好

身體若有需求，心思就會專注於滿足需求，從而使得心態向內。人除非處境艱困，否則多數人最常遇到、也能以個人力量控制的需求就是饑餓與疲勞。人在饑餓或疲勞時，解決生理需求便成為一切考量的重心。當我們受到這些需求所苦，就容易視他人為「物品」，或是阻擋自己滿足需求的障礙。餓怒（hangry）與壞脾氣（cranky）就是形容這類情況。因此，我們必須刻意規劃自己的飲食、進食、休息、睡眠。

因此，把自己照顧好，就是為自己創造或找到生活的平衡。若身心失常、心情焦慮、情緒超載，人就會謀求自保，轉而向內，因而難以向外思考，以同理心對待他人。

如果你覺得自己必須加強培養向外心態，我推薦以下讀物：

❶《有些事你不知道，永遠別想往上爬！》（*Leadership and Self-Deception*）與《不要窩在自己打造的小箱子裡》（*The Outward Mindset*），亞賓澤協會（Arbinger Institute）著。

❷《使我們自由的人際連結》（*Bonds that Make Us Free*），C.泰瑞・華納（C. Terry Warner）著。

❸《召喚勇氣》（*Dare to Lead*），芮尼・布朗（Brené Brown）著。

❹《改變：把人當人看，竟能改變一切》（*The Shift: How Seeing People as People Changes Everything*），金伯利・懷特著。

❺《覺醒父母：找回你和孩子的內在連結，成為孩子最佳的心靈成長夥伴》（*The Conscious Parent: Transforming Ourselves, Empowering Our Children*），喜法莉・薩貝瑞（Shefali Tsabary）著。

從向內心態到向外心態的轉變，常被稱是為一種「心的改變」（a change of heart）。不再聚焦於自我，不再謀求自保與自利，而是敞開心胸，看見他人的價值與美好。

讓我們再次複習培養向外心態的幾種作為：

- □了解這些心態，明白心態對人的影響。
- □從現有心態中覺醒。
- □回想自己懷有向外心態的時刻，提醒自己擁有這樣的能力。
- □探討並辨認自身向內心態的肇因。
- □不時以內觀自省的問題評估自身心態。
- □把自己照顧好。

第六篇

結論

第 21 章

根治問題，方能成功

找到傷口之根，
由下至上親吻之，
方能治癒。

露琵・考爾 Rupi Kaur

數年前，我的妻子開始養成跑步的習慣，每週大約跑上二十英里。她很享受這項新嗜好，卻深受膝痛所苦。起初，她的解決方式和第一章的我一樣，換雙新跑鞋，並請我教導她優良跑姿的四條原則。不幸的是，這四條原則沒能解決她的問題。

不久後，我們參與家族度假，我哥哥也與我們同行，他是一位職能治療師。妻子對膝痛問題愈來愈感到無奈和沮喪，於是詢問我哥哥該如何才能改善。我哥哥聽完以後解釋，問題出在膝關節韌帶鬆弛而導致膝蓋不穩固，所以建議她運動時穿戴護膝。

她聽從建議，而且似乎很有用。她戴著護膝跑步時，不再感到劇烈疼痛。但後來發生一連串的事情，使她更在意自己的膝蓋，明白配戴護膝雖能緩解疼痛，卻無法根治問題。

有次我們一家人搭乘遊輪。當時的我正在挑戰半程馬拉松，所以登船後馬上就去健身房。那裡有一些販售健康相關產品的攤位，其中一位教練請我脫掉鞋子，站上地板上的一塊白色板子上。我照他的話做，發現這是台足底壓力檢測器，用來分析我踩踏時的足壓分布情況。身為銷售者，他說我的足壓分布不正常，接著向我說明足部矯具的重要性，並推薦我購買一款可以置入跑鞋的小型矯具，以幫助我維持平衡及跑姿。

我對矯具的了解有限，但抱持著一種刻板印象，認為這是「老人用品」。負面印象加上高昂的售價，讓我實在買不下手。

遊輪之旅結束後不久，我加入慢跑團。其中一位團員是足科醫師，於是我向他請教矯具的事情，想知道自己該不該買。旁邊三位跑者一聽馬上加入話題，紛紛告訴我矯具非常有用。結果我發現，整個慢跑團當中只有我沒用矯具。那位足科醫師說他戴矯具跑步三十年了，並詳列矯具的益處，同時駁斥遊輪上教練所說的一些錯誤觀念。

我在足科醫師的指導下挑選合適的矯具，過程中還發現我的保險可以給付矯具及醫師的診療費用。於是我也幫妻子預約看診。足科醫師為她拍攝足部X光影像，從中發現一些嚴重的問題，包括蹠骨彎曲、蹠骨間距不正常、足弓彎曲不足。妻子對此甚為擔憂，詢問醫師為何她的足部問題如此多。醫師說這是基因遺傳，加上穿的鞋子支撐不足所致。

醫師還告訴她，她的膝部疼痛其實源自足部，膝關節韌帶鬆弛是因為腿部肌肉必須彌補足部問題。護膝只能舒緩跑步時的疼痛，但無法根除問題。醫師還說，足部問題若不解決，將來還會出現更多問題。

妻子恍然大悟。她多年來為膝痛尋遍解方，後來以為穿戴護膝就能解決問題，但現在卻發現膝部並非問題所在。問題出在更根本的問題：足部。如果沒有發現這點，她將繼續設法緩解疼痛現象，永遠無法從根源處解決問題。

對此醒悟後，妻子感到有能力解決疼痛問題以及妨礙她跑步的因素。現在，她可以斬除問題的根源，從而預防諸多問題的出現。

▲心態是一切基礎

如同足部是跑步的基礎，人的心態是人生、工作與領導的基礎。

你在人生、工作或領導上是否感到疼痛與不適？這可能是因為事情不順利，也可能是因為事情順利，但你希望自己可以變得更好，奈何遲遲無法取得期望中的進展。

如果你在人生、工作或領導上正經歷疼痛與不適，你該如何解決？應該把重點放在發生疼痛的地方，還是放在引起疼痛的根源？如果看不清自身心態，就會誤判問題，只著手於表層現象，因而持續經歷挫折。

這就是非營利組織執行長艾倫的處境。他對於員工感到灰心，而員工則對他抱怨連連。為了解決對於員工感到灰心的問題，艾倫什麼小事情都要管；為了解決員工抱怨的問題，他開除員工或逼員工出走。這些作為在當下或許不無道理，但造成的結果只會令艾倫更加挫折，覺得必須嚴格監控員工，並花費大量時間招募及培訓新員工，而非專注於推動組織及事業的成長。

艾倫未曾做過一件事：思考這些問題的根源，也就是他自身的心態。艾倫一日不對自身心態有所醒悟，就一日無法終止令人沮喪且拖慢組織發展的惡性循環。

▲戰勝組織心態問題

忽視自身心態導致挫敗，妨礙個人進步。組織亦是如此。

試想組織最常遇到的問題：①領導與管理模式失能。②無法啟動或度過改變。③員工缺乏參與度。④員工士氣與效能低落。這些問題的根源皆為負向心態。

身為企業顧問，我經常造訪各組織，請員工接受我設計的「個人心態測驗」，尤其是高層領導團隊，藉此評估該組織的集體心態，短時間內了解組織的文化、恐懼與優勢。接著，我和組織內部人士討論這些議題，攜手找出常見的問題根源，辨認阻礙組織取得更大成功的癥結。如此一來，我便能協助他們根治問題，改變妨礙他們成長的心態，讓他們獲得想要的成就。

下面容我舉幾個例子來說明。

• 案例一

我曾有幸與名列《財星》雜誌全球十大企業的公司合作。他們主動找上我，希望能在啟動大型合併案之前，讓公司一百三十位高階領導者能具備最有效的心態。我請他們做「個人心態測驗」後，藉此掌握該組織文化的優勢與劣勢。分析結果發現，他們領導團隊的心態開放，這是優勢。領導團隊當中，五七%的人開放心態強健，八一%的人位於開放心態的光譜上，只有四%的人具有強烈的封閉心態。這說明該公司文化開放，能為員工營造富有安全感的工作環境。

然而，該公司有四二%的領導者具有定型心態，這便是劣勢。面對挑戰時，領導團隊當中有四二%的人傾向規避挑戰，保護自我形象，而不是把挑戰視為學習、成長、進步的機會。這是一大警訊。然而一旦明白心態是最大的問題後，該公司便能著手改善。於是我進一步協助他們設計一些計畫，為領導團隊培養成長心態。

• 案例二

我曾與一間中型客服公司的四十位高階主管合作。心態評量結果不甚樂觀。五〇%的主管具有定型心態，四八％具有封閉心態，六六％具有預防心態，三四％具有向內心態。

與公司人員討論評量結果時，我們發現組織內部瀰漫著對失敗的恐懼。主管和員工基於過去經驗，相信一旦他們犯錯，客戶就會改找其它廠商。於是主管努力營造避免失敗的氛圍，相信這樣才能讓組織生存下去。而我的工作則是要協助他們看見：害怕失敗的文化會為組織帶來許多負面效應。就內部而言，員工因為缺乏安全感而不敢犯錯，將導致兩個負面影響：一、避免創意與創新；二、犯錯或遇到問題時會竭盡所能去隱瞞，沒人願意說出實際情況，自然無從制定解決方案或設法避免相同問題再度發生。就外部而言，這樣的公司或許能做到不惹惱客戶，但通常無法取悅客戶。畢竟「沒出包」不等同於「令人滿意」。

此外，這四十位主管當中，六六％具有兩種以上的負向心態，二九％的人具有三種以上的負向心態，一三％的人四種負向心態皆具。進到這間組織的人，很可能得接受效能低落的管理模式。多數主管具有妨礙成功、使員工參與程度低落、造成挫折感的心態。這些結果顯示，這間公司的文化導致主管和員工謀求自保，而非推動組織進步。

上述兩間公司相比之下，何者的領導與管理更為優質，何者更能啟動並度過改變，何者的員工參與感更高，何者的員工士氣與效能更高？答案昭然若揭。

無論哪間組織目前的心態基礎較好，評估組織集體心態所帶來的價值是一樣的。根據評量結果，領導團隊可以提升自我覺察，對自身心態醒悟，找出疼痛、挫折、停滯的根源，因而從基礎層面解決問題。

▲從過去的心態中甦醒

本書介紹的「個人心態測驗」，至今已經累積數千位受測者。分析結果發現，只有五%的受測者穩定以成功所需的心態處事。

如果你屬於剩下的九五%，心態尚待進步，歡迎加入我們！我和你是同類。因為我們過去的生活模式、所處的文化環境，以及經常被誤導的人生努力方程式，導致我們在無意間形成限制自己邁向成功的負向心態。

別氣餒。心態負面不是我們的錯。過去的我們不知不覺間低估心態的力量與重要性，也缺乏必要的語言及架構，因而無法看清認自身心態，辨認最有助於成功的心態，找到更光明、更成功的道路。

每天起床，我都滿心期待我改進心態的努力能更進一步提升我的表現與成功。我希望你也有這樣的感覺。以下是我希望你讀過本書後能做到的事：

□能夠了解心態是人生的重要基礎。
□能夠具有探討心態、評估心態所需的語言和架構。
□能夠辨認最有助於成功的心態，並根據本書提供的案例與研究，看見「成功心態」的力量。
□能夠明白每種「成功心態」的重要性，以及如果其中一項心態的某部分或全部出問題，會導致什麼後果，並知道自己如何被心態限制。
□可以評量自身心態，明白自身心態在正負光譜上的位置。
□在本書的指引下提升心態，藉此活出更成功的人生，打造更成功的事業，成為更成功的領導者。

過去的你不知道心態是人生的基礎，一旦看不清自身心態，就會被負向心態所奴役。現在的你已經對自身心態有所醒悟，希望你感到充滿力量，能解脫桎梏，邁向更高的境界。

在我過去不同的人生階段中，也曾有過四組心態光譜上的負向心態，然而在邁向甦醒的心態旅程中，如今的我感到自由且充滿力量。雖然有時候還是不免出現負向心態，但大體上我的心態大多處在光譜的正向那端。

在轉變心態前，你可能會覺得自己就像在泥地裡推著汽車前進，寸步難行；一旦轉變心態，你就像開著運轉順暢的跑車一樣進步神速。

無論你目前抱持著什麼心態，你已經領先多數人了。試想，在你的親朋好友和職場同事當中，多少人像此刻的你一樣了解心態？大多數人並不明白心態的力量，更少人知道心態就是打造更成功的人生與事業、成為更成功領導者的關鍵。你已經掌握成功的關鍵，不用再摸黑搜尋、憑藉運氣找到成功之路。現在的問題是：你要如何善用心態的力量？

本書對心態的探索將止於此，但你的故事仍未完結。

培養四種「成功心態」後，還有什麼是你做不到的？

但真正的問題在於：你要不要做？

由衷希望你能運用這本書中的觀念，活出你的精采人生。

現在就跨出一大步，開創你的人生故事！

現在就跨出一大步，以嶄新的心態改變世界！

□請懷有成長心態：相信人的能力、才華與智力可以改變。

□請懷有開放心態：追求真理，謀求最佳思考方式。

□請懷有進取心態：為自己訂下明確的宗旨和目的地。

□請懷有向外心態：敞開心胸，看見並尊重他人的價值。

國家圖書館出版品預行編目(CIP)資料

成功心態：改變心態，造就不一樣的人生／萊恩．高佛森（Ryan Gottfredson）著；孔令新譯. -- 第一版. -- 臺北市：遠見天下文化出版股份有限公司，2021.10
320面；14.8×21公分. --（財經企管；BCB747）
譯自：Success Mindsets : Your Keys to Unlocking Greater Success in Your life, Work, & Leadership

ISBN 978-986-525-346-2（平裝）

1.成功法 2.領導統御

177.2 110017136

財經企管 BCB747

成功心態

改變心態，造就不一樣的人生

Success Mindsets: Your Keys to Unlocking Greater Success in Your Life, Work, & Leadership

作者 — 萊恩．高佛森 Ryan Gottfredson
譯者 — 孔令新

總編輯 — 吳佩穎
書系主編 — 蘇鵬元
責任編輯 — Jin Huang（特約）
封面設計 — 江孟達工作室

出版者 — 遠見天下文化出版股份有限公司
創辦人 — 高希均、王力行
遠見・天下文化 事業群榮譽董事長 — 高希均
遠見・天下文化 事業群董事長 — 王力行
天下文化社長 — 林天來
國際事務開發部兼版權中心總監 — 潘欣
法律顧問 — 理律法律事務所陳長文律師
著作權顧問 — 魏啟翔律師
社址 — 台北市 104 松江路 93 巷 1 號
讀者服務專線 — 02-2662-0012｜傳真 — 02-2662-0007；02-2662-0009
電子郵件信箱 — cwpc@cwgv.com.tw
直接郵撥帳號 — 1326703-6 號 遠見天下文化出版股份有限公司

電腦排版 — 立全電腦印前排版有限公司
製版廠 — 東豪印刷事業有限公司
印刷廠 — 鴻源彩藝印刷有限公司
裝訂廠 — 台興印刷裝訂股份有限公司
登記證 — 局版台業字第 2517 號
總經銷 — 大和書報圖書股份有限公司｜電話 — 02-8990-2588
出版日期 — 2021 年 10 月 29 日第一版第 1 次印行
2023 年 6 月 1 日第一版第 5 次印行

定 價 — 450 元
ISBN — 978-986-525-346-2 ｜ EISBN — 9789865253486 (EPUB)；9789865253479 (PDF)
書 號 — BCB747
天下文化官網 — bookzone.cwgv.com.tw